日経文庫
NIKKEI BUNKO

これからはじめるワークショップ

堀 公俊

日本経済新聞出版社

はじめに

今皆さんが関わっている組織は活力が満ちあふれ、イキイキとしているでしょうか。

日本のビジネスパーソンの労働生産性や貢献意欲は、先進諸国のなかで最低レベルだと言われています。働きがいが感じられないまま、家族や会社のために滅私奉公に励む毎日。その陰で、「ムダな仕事が多く、本来の仕事ができない」「組織の風通しが悪く、みんな自分の殻から出ようとしない」「共に成長しているという実感が持てない」といった声が聞こえてきます。

それを打開すべく、会議を開いて解決策を模索する場合があります。関係者が集まって議論を重ね、新たなマネジメントの仕組みを導入しようというのです。ところが、会議でホンネや斬新なアイデアが出ることはありません。おざなりの対策が予定調和的に決定されるだけです。実行は現場に丸投げされ、かえってやる気も関係性も下がってしまいます。

だったら、研修で知識やスキルを高め、組織力をアップして解決を図るのはどうでしょうか。残念ながら、お仕着せの退屈な研修は、現実の問題の解決には役に立ちません。学んだことを現場で試すチャンスもなく、血肉にすることもできません。そんな〝アリバイづくり〟の会議や研修に時間とお金を費やす暇があったら、仕事をしたほうがマシです。

人と組織が抱える複雑な問題は、通常の会議や研修では手に負えません。関係者が自らの知識と経験を総動員して、知を紡いでいかなければ太刀打ちできません。

ホンネの対話を通じて相互の絆をつなぎ直し、全員が団結していく。互いの思いを共振させ、予想を超えた創造を生み出していく。そのための格好の方法が「ワークショップ」です。

ワークショップとは「主体的に参加したメンバーが協働体験を通じて創造と学習を生み出す場」です。人、組織、社会の変容を促進する方法としてアメリカで生まれ、組織開発、問題解決、教育学習、合意形成、商品開発、イノベーション、社会変革など、広範な分野で活用されてきました。今や老若男女を問わず、仕事や生活に欠かせないものとなっています。

本書の狙いは、ワークショップの実践に興味・関心がある方に、必要不可欠な知識をコンパクトに提供することにあります。最新の知見を盛り込むため、好評をいただいた『ワークショップ入門』(日経文庫)をフルモデルチェンジして、新しい本としてお届けします。旧版を読まれた方も楽しめる内容になっており、皆さんが抱える問題の解決の一助となれば幸いです。

二〇一九年八月

堀　公俊

これからはじめるワークショップ　目次

はじめに　3

第1章　脚光を浴びるワークショップの世界　15

1　どうやったら私たちは変わっていけるのか？　16

人や組織が硬直化している　16
「技術的な問題」と「適応的な課題」　18
経験・他者・偶然から学ぶ　19
人はひとりでは変われない　21

2　ワークショップが創発を生み出す　23
ワークショップの五つの要素　23
楽しいからこそ成果が生まれる　26
予期せぬことが、起こるべくして起こる　28

3　多彩な分野で活用されるワークショップ　30
ワークショップ一〇〇年の歩み　30
実践の積み重ねが歴史を織りなす　31
メインカルチャーへと躍り出てきた　32
組織系（問題解決型）ワークショップ　33
社会系（合意形成型）ワークショップ　35
人間系（教育学習型）ワークショップ　36
複合系（変革創造型）ワークショップ　37

4　ワークショップに必要な三つのスキル　39
チーム・デザインで土台を築く　39
プログラム・デザインで流れをつくる　41
ファシリテーターが場を舵取りする　43

ワークショップで大切な理念とは　46
多様な場でスキルとマインドを鍛える　48

第2章　チーム・デザインのスキル

1　ワークショップのコンセプトを企画する　52
提供する価値を明らかにする　52
ワークショップの到達点を考える　53
いつどこでワークショップをやるのか　55
タイトルでコンセプトを明快に表す　56
2　多様なメンバーを集める　58
何人でワークショップをすればよいか　58
メンバー選びが成功の最大の秘訣　60
多様性が創造性を生み出す　61
メンバーの集め方でチームの活力が変わる　63

3 チームの関係性をデザインする 65
メンバー同士の関係に注目する 65
普段から関係を温めておく 66
4 ワークショップの環境をデザインする 68
どこでワークショップを開催すればよいのか 68
ワークショップにふさわしい場を選ぶ 69
一体感のある場をつくりだす 71
小道具を使って場のムードを演出する 74

第3章 プログラム・デザインのスキル

77
1 プログラム・デザインの進め方 78
ワークショップの基本の形 78
四つの要素でセッションを形づくる 80

2 プログラムの大きな流れをつくる 82
セッションの狙いを明らかにする 82
起承転結型のパターンを使いこなす 84
さまざまなパターンを使い分ける 85
3 多彩なアクティビティを使いこなす 88
場を温めるアクティビティ 88
資源を引き出すアクティビティ 91
話し合うアクティビティ 94
つくり上げるアクティビティ 96
分かち合うアクティビティ 98
4 思考を深める問いを立てる 101
テーマを問いで表現する 101
五種類の問いを使い分ける 103
考える前提を明らかにする 105
問いかけ方を工夫する 106
5 活動を促進する環境をつくりだす 110

グループサイズを使い分ける 110
グループをつくる二つの方法 111
レイアウトのパターンを使い分ける 113
6 プログラムを練り上げ準備を進める 117
プログラムシートにまとめて眺める 117
改善サイクルを回せるようにする 119
準備物をぬかりなくそろえる 120

第4章 ファシリテーションのスキル 123

1 先導のスキル（Leading） 124
何をするのか（What）を伝える 124
なぜするのか（Why）を伝える 126
どうやってするのか（How）を伝える 127
場のムードをセットする 129

語りを通じて緊張をほぐす　131
参加者の自己開示を促す　132

2 保持のスキル（Holding）　134
メンバーに委ねても手綱を離さない　134
リアクションが相手を勇気づける　135
共感の気持ちを言葉で伝える　136
チームのなかの人間ドラマを読み解く　138
コミュニケーションを観察する　140
社会的シグナルに注目する　141
鳥の目と虫の目で観察する　142
ファシリテーター自身の心のなかを観る　143
話し合いをグラフィックで可視化する　144
誰が描き手としてふさわしいのか　146
描くことを通じて話し合いを促進する　147

3 介入のスキル（Adjusting）　150
プッシュとプルを使い分ける　150
フィードバックの四つの原則　152

今ここで起こったことを指摘する　154
考えを深めるための質問　156
思い込みを打ち破るための質問　158
新たな視点から考えさせる質問　160
自分の考えを伝えるには　161
介入が不調に終わったときの対処法　163

4　終息のスキル（Closing）　165
ワークショップの三通りのまとめ方　165
どのように対立に対処していくか　167
ワークショップの留めを打つ　168
振り返りの基本のステップ　170
なぜ学びが深まらないのか　171
振り返りでのファシリテーターの役割　173

第5章　ワークショップを実践する　175

〈ケース1〉 異なる職種間の交流を促進する（起承転結型） 176
チーム間の風通しが悪い 176
ホンネが出るような仕込みをする 177
〈ケース2〉 衆知を集めて業務を改善する（問題解決型） 179
問題意識がバラバラなメンバー達 179
問題を自分事にして解決を考える 179
〈ケース3〉 新商品をみんなで企画する（企画発想型） 182
盛り上がらないアイデア会議 182
アクティビティの効果を高める 182
〈ケース4〉 一方通行を双方向の場に変える（発散収束型） 185
退屈で頭に残らないプレゼンテーション 185
発散と収束のメリハリをつける 185
〈ケース5〉 コモングラウンドを共有する（目標探索型） 188
まとまりの悪いプロジェクト 188
共通の目標を協働でつくり上げる 188

〈ケース6〉 学びが深い研修を立ち上げる（体験学習型） 191
退屈な研修はまっぴら御免 191
受講者自らが答えを見つけ出す 191
〈ケース7〉 明るい将来像を描き出す（過去未来型） 194
未来の利害関係者が一堂に会する 194
共に変革を起こすつながりをつくる 194
〈ケース8〉 組織の風土を刷新する（組織変革型） 197
飲み会だけでは心もとない 197
会話・対話・議論を積み重ねる 197
ブックガイド 201
索引 207

第1章

脚光を浴びる
ワークショップの世界

1　どうやったら私たちは変わっていけるのか？

人や組織が硬直化している

私たちは、日々新たな問題に直面しています。過去の経験が通用しない問題は、新しい能力や考え方を身につけることで解決を図ろうとします。学習を繰り返すことで、問題に対処し成長していこうとするのです。

集団（組織や社会）でも同じことが言えます。一人ひとりが持つ智恵や能力には限りがあります。たくさんの方の力を合わせることで大きな問題に対処していきます。組織も絶え間のない学習を通じて、新たな解決策を創造し、未知の問題に立ち向かっていきます。人も組織も学習と創造を通じて進化し続けていかなければ、これから生き残っていけません。

ところが、多くの現場で人と組織の機能不全が起こっています。皆さんが関わる組織で、こんな症状が見られないでしょうか。

- 仕事が縦割りで、全体最適で物事が動いていない。
- 懸命にやっても成果が出ず、同じ失敗が繰り返される。
- 無駄な仕事が多く、本来の仕事に時間が割けない。
- 上下の風通しが悪く、横の連携も取れていない。
- 形式や前例がものを言い、新しい取り組みが進まない。
- 会議でホンネが出ず、対面で会話する機会も減っている。
- 組織のビジョンが分からず、なし崩しで物事が進む。
- 指示待ちの人が多く、自分で考えて動こうとしない。
- 内向きの仕事で精一杯、外のことを考える余裕がない。
- 仕事を通じて共に成長しているという実感が持てない。

これらはいわば組織の**生活習慣病**です。二つ三つ当てはまるくらいなら、さほど心配は要らないでしょう。五つを超えると要注意、なんらかの手を打つ必要があります。七項目以上となるとかなり重症です。今すぐ集中治療をしないと、取り返しのつかないことになりかねません。

そんな職場で蔓延する「どうせ無理」「なんで私が」という否定的で他人事の会話を、「必ずできる」「私がやろう」という肯定的で自分事の会話に。そのためには何をしたらよいでしょうか。

「技術的な問題」と「適応的な課題」

困り事を技術的な問題と適応的な課題(ロナルド・A・ハイフェッツ)のどちらと認識するかによって、やり方が大きく異なります。

技術的な問題とは、新たな知識やスキルを身につければ解決できる、いわば「やり方」の問題です。新しい手法や制度を導入したり、スキルアップの訓練をしたりするのが解決への道となります。具体的な計画を現場に落とし込み、PDCAサイクルを回して持続的に改善を重ねていきます。そのプロセスを管理するのがマネジャーの仕事です。

実際に、これで片づく問題はたくさんあります。ところが、そんな小手先のやり方では火種が消せないのが、私たちが抱える問題の難しいところです。

笛吹けど踊らずとなり、「やったふり」「やっているつもり」が横行する。当初は改善が見られてもいずれ問題が悪化する。応急処置が火種に油を注ぐ結果になる。そんな現象が起きるのが常です。今までの考え方を変えずにやり方だけ変えても、反発や抵抗を食らうからです。

これらは**適応的な課題**、すなわち、環境変化に応じて私たちの「考え方」や、人と人の「関わり方」を変えないと解けない問題です。考え方の枠組みそのものを変革する**ダブルループ学習**（クリス・アージリス）を伴わないと、本質的な解決に至りません。それを、会議や研修といった技術的な問題に用いるやり方で解決しようとするから、うまくいかないのです。適応的な課題にはそれにふさわしい解決方法があります。

経験・他者・偶然から学ぶ

日頃経験するように、人の意識や行動を変えるのは簡単ではありません。そのもとには、「○○は正しい」「○○は当たり前（常識）」という、信じて疑わない信念や価値があるからです。多くは過去の経験や育った環境から培ったものです。膨大な体験を通じて頭のなかに深い溝が刻まれており、他人から指摘された程度で変わるものではありません（図表1－1）。

ところが、同じ経験をしても、そこから学ぶことは人によって違います。過去の経験は変えられなくても、意味づけはいくらでも変えられます。考えの大元になる経験に立ち戻り、違う解釈ができないか内省をすれば、今までと違った信念が導ける可能性が生まれてきます。

図表 1-1　ワークショップの原理

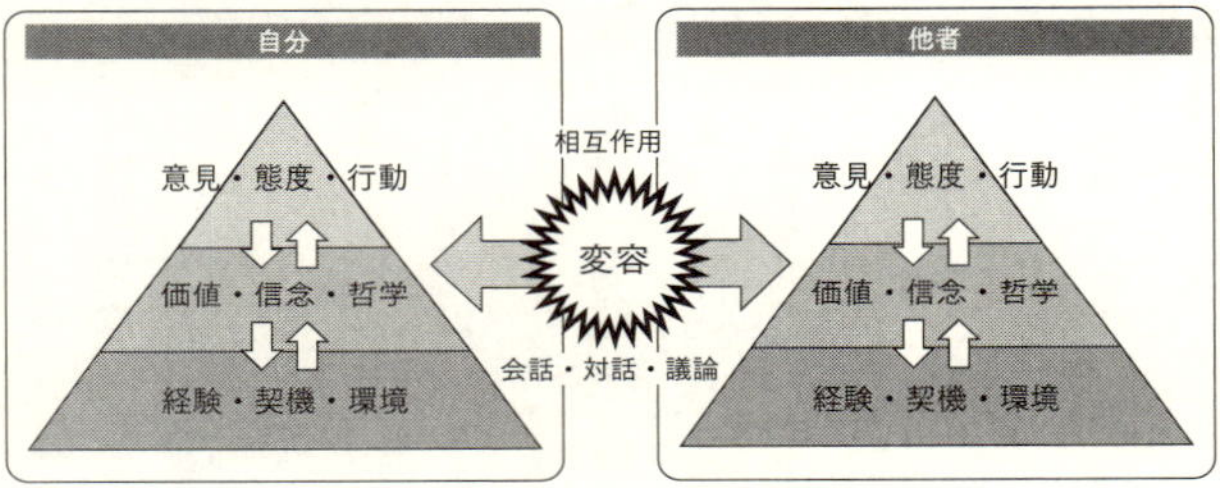

さらによいのは、信念にゆらぎを与える新たな経験をすることです。今までにない経験をして、自らが持つ常識にゆさぶりをかけていくのです。ただし、あまり過酷な体験をすると自我の危機を招きかねず、安心安全な方法でやらなければなりません。

それが難しければ、疑似体験でも構いません。他者の経験談（物語）を聴いて、あたかも同じ経験をしたような感覚を得るのです。ドラマや小説に胸を打たれることがあるように、物語は普段できないことをバーチャル体験させる力を持っています。

あるいは、偶然の力に頼るのもひとつの方法です。人生はハプニングの連続であり、偶然の出来事から多くのことを学びます。信念を疑うことを避けていても、偶然に起こってしまったら、直面せざるをえません。無我夢中でやっているうちに、新たな自分を発見したりします。

話をまとめると、自らの意見や行動を変えるには、そのもとになる信念や価値のレベルまで探究する必要があります。信念や価値を変えるには、もとになる経験のレベルまで掘り下げなければいけません。そこから、新たな意味づけをして新しい信念を形づくり、今までにない意見や行動を立ち上げていきます。このプロセスこそが「一皮むける」です。「経験から学ぶ」「他者から学ぶ」「偶然から学ぶ」のが、凝り固まった考え方を変える優れた方法なわけです。

人はひとりでは変われない

何を変えればよいかが分かっても、一歩踏み出す勇気が出なければ絵に描いた餅になります。変えないほうが楽であり、新たな信念に基づいて行動するのは大きなエネルギーを要します。今まで慣れ親しんだ常識を手放すのは不安であり、失敗する恐れもあります。「今までの自分は何だったんだ？」となり、少なからず自尊心も傷つけられます。

そこで大切になるのが他者の存在です。周りから「ほらみろ」「だから言ったじゃないか」と言われたのでは、とてもファイトが湧いてきません。「よく決断したね」「応援しているよ」という声があってこそ、安心して過去の自分を手放すことができます。

さらによいのは、ひとりに火中の栗を拾わせるのではなく、「私（みんな）も変わるから一緒に変わろう」と全員で危ない橋を渡ることです。みんながやれば、ためらっていた人も行動するかもしれません。やってみたら案ずるほどのことはなく、恐れていただけだと気づくこともよくあります。考え方を変えるには、共に行動する仲間の存在が不可欠なのです。

この話を分かりやすく説明してくれるのが**成功の循環モデル**（ダニエル・キム）です。組織とは目的を持って集まった集団であり、成果を出すことを目指します。同じ行動から違う結果は生まれません。成果の質を上げるには、行動の質をアップすることが欠かせません。

ところが、アメとムチを使って行動を無理に変えても、思考の変革が伴わないと実のある行動になりません。思考の質が高まれば、行動の質が上がります。人はひとりでは変われず、思考の質が上がるかどうかは、チームの関係の質に大きく左右されます。

つまり、関係の質が高いと思考の質が高まる。思考の質が上がれば行動の質がアップする。それが成果の質を高めることにつながり、また関係の質の改善に寄与します。そうやって、関係を出発点に組織を変えていくのが、成功の循環モデルの考え方です。

このように、人や組織を一皮むくには確かな原理や方法論があります。それを安全な場で実現するのが、今から紹介するワークショップなのです。

2　ワークショップが創発を生み出す

ワークショップの五つの要素

ワークショップを直訳すると工房（仕事場・作業場）となります。元をたどれば、ものづくりの世界で使われてきた言葉です。大量の画一的な製品を分業で生産する「工場」に対して、職人が手作りで創意工夫をしながら一つひとつ仕上げていくのが「工房」です。

その概念を広く人・組織・社会づくりに当てはめたものを**ワークショップ**と呼びます（略してワークと呼ぶ場合も）。「主体的に参加したメンバーが協働体験を通じて創造と学習を生み出す場」を指します。特色は以下の五点にあります（図表1－2）。ワークショップの経験がまったくない方は、第5章を先に読むとイメージがつかみやすくなります。

①参加

ワークショップの主役はそこに集うメンバーです。一方的に誰かから与えられたものをこなすのではなく、積極的に活動に参加してみんなでつくりあげていきます。参加するしないを決めるのも、どれくらい参加するのかを決めるのも自分自身です。一人ひとりがワークショップの担い手としての当事者意識を持ち、人任せや傍観者にならず、一致協力して活動を支えていきます。多様なメンバーの主体的な参加が、ワークショップの土台になります。

②体験

経験を持ち込むことの重要性は、既に説明した通りです。他人の受け売りや紋切り型の綺麗事をぶつけ合っても、考えは深まりません。経験を起点にして、地に足をつけて考えるからこそ、新たな意味が現れてきます。自分の経験を見つめ直す、他の人の経験に耳を傾ける、みんなで同じ体験をする。経験を足場にした活動がワークショップの重要な部分を占めます。経験こそが最高の材料であり、豊かな経験が集まるほど質の高い対話が生まれてきます。

③協働

ワークショップの真骨頂は、メンバー同士のホンネの対話から生まれる旺盛な**相互作用**にあります。ひとりでできないことも、みんなの力を結集すれば可能となるかもしれません。相乗効果が高まれば、予期せぬことが少なからず起こります。その結果、意外な事実を発見したり、予定調和を超えた成果が生まれる場合があります。しかも、人間は、協働作業に喜びを感じるようにマインドセットされています。みんなで力を合わせてやるから楽しいのです。

図表 1-2　ワークショップの五つの要素

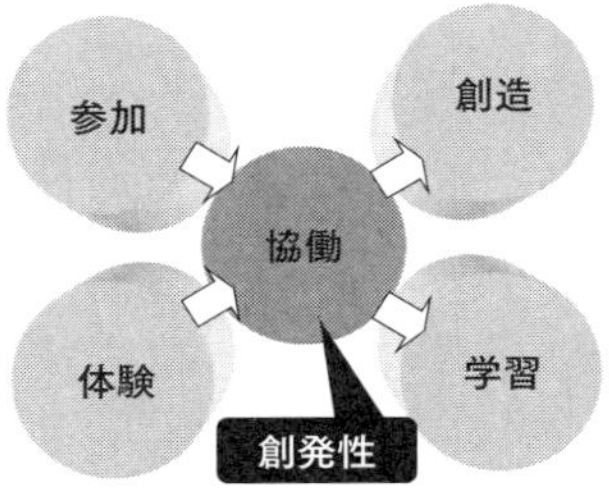

④創造

ものづくりから始まったワークショップは、人づくり、組織づくり、社会づくりなど、ありとあらゆる知識創造活動に活用されるようになりました。言い方を換えれば、集団による新しい「知」を生み出すための方法論がワークショップに他なりません。メンバー同士の間で働く複雑な力はどのように作用するか事前には分からず、何が生まれるかはやってみないと分かりません。それこそがワークショップの醍醐味です。

⑤学習

学習とは思考や行動に持続的な変化を起こすプロセスです。そのためには、単に知識やスキルを身につけるだけではなく、考え方やあり方をアップデートすることが大切です。そんな変化が起きれば、創造の質が高まっていきます。同時に、レベルの高い創造の経験が大きな学びを生み出してくれます。このように、創造と学習は一体のものです。両者があいまって個人やチームが成長していきます。ワークショップの目的はまさにここにあります。

楽しいからこそ成果が生まれる

これらを普段の会議と比較してみましょう。会議をやってもホンネが出ず、出たとしてもバラバラでまとまらない、というのがよく耳にする悩みです。会議にかける時間はどんどん削られ、じっくり話し合う余裕すらありません。あらかじめ根回しされた落としどころに向け、リーダーが主役となって進めていくしかなくなります。「納得」ではなく「説得」がはびこる場になり、自分の都合や責任逃ればかり言い立てるようになります（図表1－3）。

対するワークショップでは、気楽に真面目に話せる非日常の場を用意し、自発的に参加してもらいます。そのなかで、互いの関わりを深める**会話**、問題の本質を探究する**対話**、具体的な方策を生み出す**議論**と、ステップを踏んでじっくりと思考と関係性を深めていきます。だからこそ、問題の核心をついた、全員が心からやりたいと願うアイデアが創造できるのです。

何かを学ぶ場合も同じです。一方的に講師から知識を伝授されるのと、自らの経験をもとに学習や探究をするのとでは、幅も深みもまるで違います。教えられた知識は借り物にしかなら

図表 1-3　ワークショップと会議・研修との違い

	ワークショップ	会議・研修
参加	主体的・能動的	受動的・強制的
ムード	自由平等・創造的	秩序的・権威的
集団	参加者中心	リーダー中心
進行	ファシリテーター	議長・講師
行動	納得・学習	説得・教育
学習	体験・協働	知識・説明
活動	双方向（マルチ方向）	単方向（一方通行）
成果	創発（予定外）	予定調和

ず、自分で発見した教訓こそが糧となります。

ときどきワークショップに対して、「単なる息抜きだ」「お遊びにすぎない」「仕事なのに不謹慎」と揶揄する人がいます。それは仕事や勉強が「つらいもの」「苦しいもの」だという固定観念があるからではないでしょうか。

本来、創造や学習は楽しいものです。楽しくなくては持てる力が十分に発揮できません。真剣な遊びこそ人を夢中にさせてくれます。満足感の高い成果が、楽しみながら得られる場こそがワークショップです。楽しいからこそ成果が出るのです。

だからといって、「ワークショップが良くて、従来の会議や研修は悪い」という話ではありません。キッチリと合意内容をつめていくには会議が向いています。まったく知らないことを学ぶのに研修は優れた方法です。どちらを使うかは目的や状況次第であり、取り交ぜて使うこともできます。それぞれの持ち味を熟知した上で、使い分ける力が求められています。

予期せぬことが、起こるべくして起こる

会議や研修とワークショップの一番の違いは、「予定調和ではない」ところにあります。音楽で言えば、前者はオーケストラによくたとえられます。譜面をもとに指揮者のリードに従って各パートが音楽を奏で、壮大な芸術をつくり出していきます。

それに対して後者はジャズです。ザックリとした構成だけを用意し、自由にアドリブを闘わせながら、その場そのときだけの音楽を即興（インプロビゼーション）で形にしていきます。ときには、思わぬグルーブ（ノリ）が生まれ、予想もつかない名演奏が出現します。そんなライブ感のあるパフォーマンスこそがジャズの最大の魅力です。

人の思考や感情は、常に周りの人や環境から影響を受けています。同時に、自分の振る舞いが周囲に影響を及ぼしており、相互が複雑に影響し合っています。何がどう作用するかは事前に予想ができません。ほんの小さなことが増幅されて大きな変化を生む場合もあります。

たとえば、誰かが語ったホンネに触発され、みんながどんどん心の内を語り始めました。そのうち、ひとりが**エッジ**（内なる壁）を飛び越え、誰も言い出せなかった話を口走りました。すると、「なんだ、みんな同じなんだ」と、全員の気持ちがひとつになる瞬間が生まれました。

このプロセスを**自己組織化**と呼びます。互いの振る舞いが共振し、臨界点を超えて、予想がつかない状態へと進展していったのです。これこそが**創発**です。グループが生み出すダイナミズムを最大限に活用することで生まれてきます。

ワークショップでは少なからず予期せぬことが起こります。それは、起こるべくして起こったのです。起こらないといつまでもどこかで燻り続けます。「今（now）ここで（here）」起こっていることを素材として、みんなでどう扱うかを考えていくのがワークショップです。

うまくいくかどうかは、やってみないと分かりません。事前に結末が見通せなくても、参加者と場の力を信じれば、どうにかなるものです。予期せぬことを楽しむ度量を身につければ、ワークショップに病みつきになること請け合いです。

3　多彩な分野で活用されるワークショップ

ワークショップ一〇〇年の歩み

ワークショップは、特定の誰かが考案したものではありません。参加型の創造や学習の方法をまとめて、いつしかそう呼ぶようになりました。ワークショップの由来ははっきりせず、明示的な流れだけを紹介しておきます。

ワークショップの起源を、一九〇〇年代初頭に活躍した教育学者ジョン・デューイの「経験をベースにした活動主義の学習法」に求める人が少なくありません。子どもたちが生活のなかで関わりのある具体的な問題を設定し、自らの体験と考察をもとに試行錯誤を繰り返しながら解決をしていく学習法です。

一方的に知識を教え込む旧来の学習とは違う革新的なものであり、ワークショップの萌芽があちこちで見られます。この考え方を間接的に受け継いだのが、木下勇『ワークショップ』（学芸出版社）で紹介されている、心理学の二大潮流です。

ひとつはクルト・レヴィンの**グループダイナミックス**（集団力学）研究のなかから生み出されてきた流れです。一九四〇年頃から始まった、社会や組織のさまざまな問題を集団で解決していく活動は、一九六〇年頃に始まったカール・ロジャーズの活動とあいまって、人間関係のトレーニング、まちづくりワークショップ、環境学習、市民活動へと受け継がれてきました。彼らの活動は、近代社会が生み出すさまざまな疎外に対して「人間が持つ創造性と課題解決能力をベースに置く重要性を提起し、警鐘を鳴らすもの」（同書）として注目に値するものでした。

実践の積み重ねが歴史を織りなす

もうひとつ、ヤコブ・L・モレノを起点とする潮流があります。一九二〇年頃に始まった、即興劇を通じて心理的な療法をおこなう手法は、ワークショップの雛型となりました。それが、個人の自発性と創造性を開拓する手法として、演劇のワークショップに受け継がれ、社会問題の解決や社会教育の手法として広まっていきました。それには、識字教育を実践したパウロ・フレイレや被抑圧者解放を訴えたアウグスト・ボアールの理論も一役買いました。

加えて忘れてはいけないのが、一九六〇年代のアメリカで盛んとなった市民参加の流れです。特にコミュニティ・デザイン・センターが生み出した数々のワークショップの手法は、現在のまちづくりワークショップの原型となりました。

こう述べると、ワークショップとはまったくの米国流のような印象を受けます。ところが、日本の祭、遊戯、伝統行事のなかにも、集団で知を創造する知恵がたくさんあります。川喜田二郎が開発したＫＪ法は優れた創造開発技法です。日本のお家芸である改善（ＱＣサークル）活動は、後に米国企業で普及した問題解決型ワークショップのお手本になりました。

そんな一〇〇年近い歴史を持つワークショップが、今なぜ各界で注目を浴びているのでしょうか。そこには、〝今〟という時代性があるのです。

メインカルチャーへと躍り出てきた

そもそもワークショップには、近代への痛烈な批判が込められています。イギリスで始まった産業革命では、効率を最優先に考え、大量の画一的な製品を生産するために、非人間的・非民主的な働き方を強いるシステムを生み出しました。大勢の生徒を一か所に集めて集中的に講義をする学校形式も、近代という時代に考え出されたものです。

それに疑問を持った人々が、本来の人や社会のあり方を取り戻そうと始めたのがワークショップです。だから、今でも**カウンターカルチャー**の匂いがするわけです。

現代においても、近代的なやり方は社会の主流を占めています。今なお、ピラミッド組織の圧力が人間性を阻害しています。分断された社会では数の力が幅を利かせ、画一的な教育が個性と学習意欲を削いでいます。月日は流れて科学技術は飛躍的に進歩したものの、社会のあり方は大きく変わらなかったのです。

ところが、そのやり方はもはや限界に来ています。権力や制度に頼らず、関係者が主体的に参加し協働していかないと、複雑で変化の激しい問題が解決できません。孤立と分断が進む人々をもう一度紡ぎ直さないと、個人や社会の活力が生まれてきません。

ピラミッド型から**自律分散協調型**（ネットワーク社会、ティール組織など）へ。人も組織も社会も大きく舵を切らなければ未来は拓けてきません。私たちが心から願う「人と人が響き合う社会」を実現するための小さな実践がワークショップです。いよいよカウンターカルチャーからメインカルチャーへと進展する時代がやってきたのです。

組織系（問題解決型）ワークショップ

ワークショップの応用を四つの分野に分けて簡単に紹介していきましょう（図表1－4）。

図表 1-4　ワークショップの応用分野

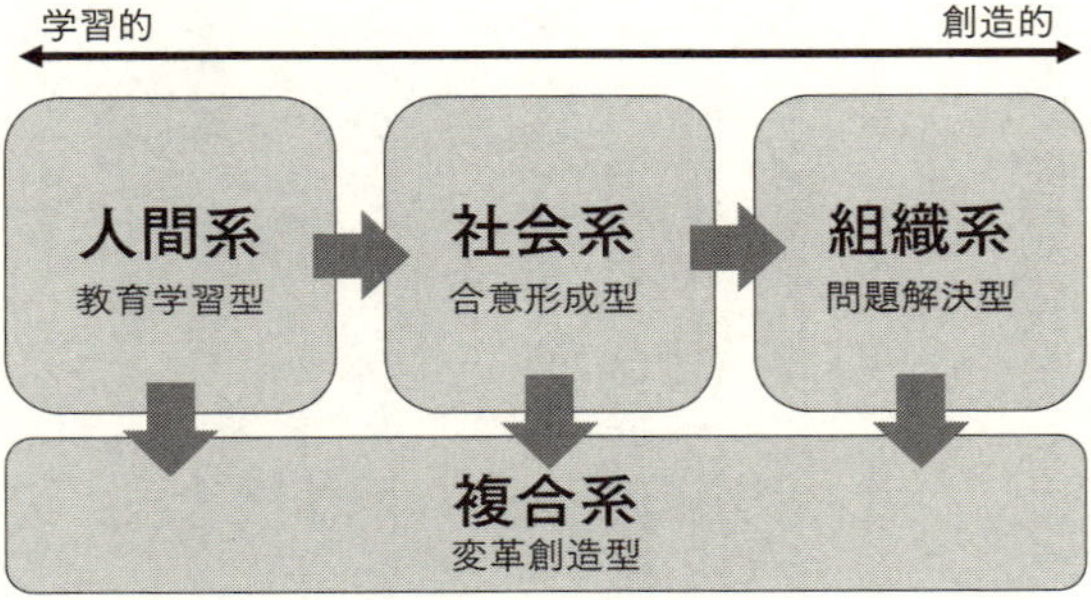

本書の読者にとって関心が最も高いのは、組織が抱える問題の解決や成長・変容を目的とした**組織系**のワークショップだと思います。組織の種類（定常組織、プロジェクト、チームなど）や目的（営利・非営利など）を問わず多方面で活用されています。

具体的には、意思決定やプロジェクト運営の円滑化、業務改善やプロセスコンサルティング、組織の活性化やチーム・ビルディング、組織再編やM&A時の組織融合の促進、新しい商品や事業のアイデア開発などがあります。

これらの応用は大きく二種類に分かれます。ひとつは、組織の**効果性**、すなわちできるだけ少ない資源で高い成果を生むための活動です。現場の多様なメンバーが智恵と経験を持ち寄って業務プロセスを改善したり、新しいビジネスをデザインするワークショップです。本書で紹介する一連のスキルに加えて、問題解決や創造性開発の方法を習得しなければなりません。

もうひとつは、組織の**健全性**を高めるための活動です。能力やモチベーションといった組織が持つパワーを高める**組織開発**にワークショップが活用されています。

環境変化に適応して、自らの能力や意識を進化し続ける組織をつくる、**学習する組織**（ピーター・センゲ）。ワークショップの源流を受け継いだ**対話型組織開発**（ジャルヴァース・R・ブッシュ）。いずれの流派においてもワークショップは欠かせないものとなっています。

社会系（合意形成型）ワークショップ

コミュニティ（地域）や社会の問題に対して、全員が納得できる解決策を民主的につくりあげるのが**社会系**のワークショップです。合意形成型とも呼びますが、それ自体が目的ではありません。創造と学習により、結果的にコンセンサスができあがるのです。

例を挙げると、地方自治体や地域でのまちづくりのプランニング、自治会やPTAなどのコミュニティ組織での合意形成、NPOやサークル活動などのボランティア団体の運営、コミュニティビジネスやソーシャルデザイン、環境・生命・人権などの新たな社会課題の合意形成などで活用されています。

地方自治や住民参加のツールとして、もはやワークショップは必須のものになっています。そこでは、合意の内容もありますが、どうやってつくり上げたか、合意に至るプロセスが重要です。担い手であるコミュニティの人達が奮起できるか、協力し合える関係をつくることができるかが勝負どころとなります。そこまでやらないと本当の**コミュニティデザイン**になりません。

社会全体を見ても、多様な主体（個人、組織、国など）が集まって話し合わないと複雑な問題が解決できません。利害も価値観も激しく対立し、簡単には意見の一致を見ません。成熟した粘り強い対話を通じて、各々の意見の変容を図り、創造的な合意を形成していかねばなりません。そんな**熟議民主主義**を実践する手段としてワークショップが使われています。

人間系（教育学習型）ワークショップ

個人の学習、啓発、成長を目的としたのが**人間系**のワークショップです。学校、企業、団体、コミュニティなど、あらゆる教育や学習の場で活用されています。ワークショップの原点であり、一番歴史が深い分野でもあります。

たとえば、体験や対話を活かした参加型の授業や研修、人間関係の学習やリーダーシップ開発、内省と対話を活用した自己の変革や成長、環境教育・開発教育・人権教育などの社会（生涯）学習、演劇・音楽・アートなどの自己表現や創造といった応用です。

学習とは個人や集団に持続的な変化を起こすプロセスです。社会が成熟するにつれ、先生や講師が主体の教育から生徒や受講者が主体の学び合いへと、スタイルが大きく変わってきました。学ぶ内容はあらかじめ決まっているのではなく、内省と対話を通じてその場から生まれてきます。そんな**社会構成主義**的な学習の実践にワークショップは欠かせません。

今まさに、学校教育が大きく舵を切りつつあります。**主体的で対話的**な深い学びを通じて、多様な考え方を持つ人達と協働して問題解決できる能力を育むのが、これからの学校が担うべき役割とされています。そうなると、ワークショップのスキルは教師にとって必須のものとなります。大学の授業や企業研修においても、ワークショップの要素をいかにうまく取り入れるかが講師の腕の見せどころになっています。

複合系（変革創造型）ワークショップ

人・組織・社会は密接につながっています。最終的にはすべてが変わらなければ本当の意味での変容につながりません。人・組織・社会を明確に区別せずに取り扱うものを**複合系**（変革創造型）のワークショップと呼ぶことにします。

具体的に言うと、プロセスワークを使った自己変容や紛争解決、ホールシステムアプローチによる問題解決、マルチステークホルダー・ダイアログ、非構成的なワークや心理演劇を使った学習、フューチャーセンターでのイノベーション開発といったものがあります。

典型的なものに**ワールドワーク**（アーノルド・ミンデル）と呼ばれる、紛争解決を目的としたワークショップがあります。ここでは個人の内面の葛藤から地球規模の紛争の解決まで、ありとあらゆるテーマをまな板に載せ、問題の本当の姿を明らかにしていきます。人・組織・社会の変革が一体となって進み、ワークショップの進化した姿を見ることができます。

近年では、**集合的対話**（**ホールシステムアプローチ**）があちこちで実践されるようになってきました。テーマに関わる利害関係者が一堂に会して、じっくりと時間をかけて組織やコミュニティの問題や未来の姿を話し合う手法です。なかでも**フューチャーセンター**と呼ばれる対話の場では、多様な分野の手法を組み合わせて活動を進めていきます。まさにワークショップの集大成となっています。

4　ワークショップに必要な三つのスキル

ワークショップは、①チーム、②プログラム、③ファシリテーターの三つの要素から構成されています。それらを設計し、運営するのがワークショップのスキルです。概要だけを紹介しますので、詳しくは第2章以降をお読みください（図表1－5）。

チーム・デザインで土台を築く

ワークショップの素材となるのが、そこに集まったメンバー達です。どんな役者達をどんな舞台に立たせるのかで、ワークショップのかなりの部分が決まってしまいます。

参加メンバー達の呼び名については、組織系のワークショップではチーム、社会系や人間系ではグループとするのが一般的です。本書では、ビジネスパーソンの読者が多いと思われることから、チームで説明を進めていきます。

効果的なチームを設計することを**チーム・デザイン**と呼びます。大きく四つの要素を設計していきます。

①コンセプト

狙い（目的）、ターゲット（対象者）、ゴール（目標）など、ワークショップの屋台骨となる**コンセプト**をデザインして、主催者側・参加者側の双方で共有するようにします。

②メンバー（参加者）

チーム内の相互作用を発揮させるには、メンバー自身が持つ資源とその組み合わせが重要になります。ワークショップに「誰を参加させるのか？」とあわせて、「どうやって人を集めるのか？」という参集のプロセスも考えておかなければなりません。

③関係性

人を集めただけでは効果的なチームにならず、相互作用を活発にするには、メンバー同士の関係性が鍵となります。普段から、自己開示や協働体験を通じて関係性を高めておけば、当日スムーズに進みます。

④場（環境）

集まったメンバーは、取り巻く環境からもさまざまな影響を受けます。部屋選びから空間の演出まで、舞台をどのようにデザインするかも大切な要素となります。

図表 1-5　ワークショップの構成

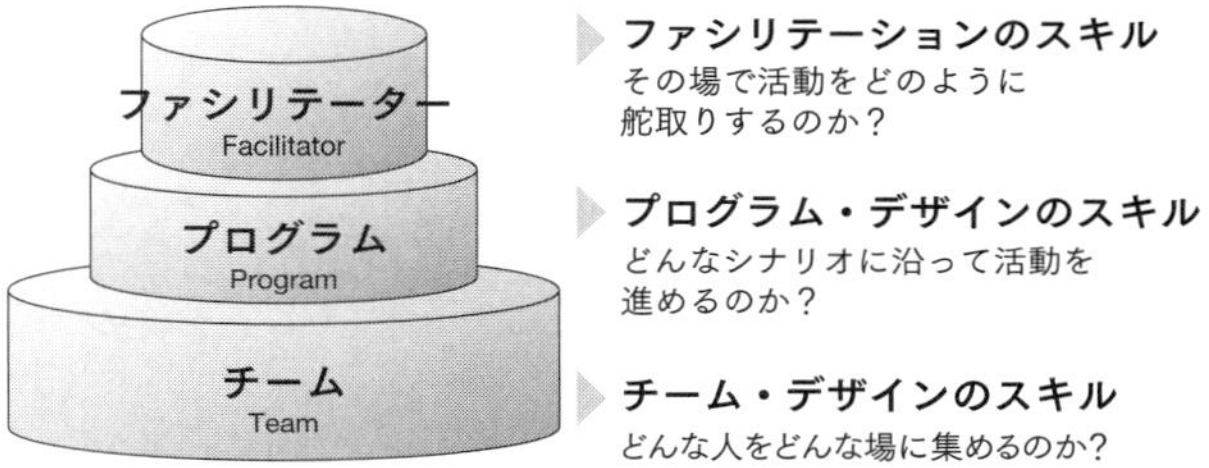
ファシリテーター
Facilitator
プログラム
Program
チーム
Team
ファシリテーションのスキル
その場で活動をどのように
舵取りするのか？
プログラム・デザインのスキル
どんなシナリオに沿って活動を
進めるのか？
チーム・デザインのスキル
どんな人をどんな場に集めるのか？

ワークショップを主催する人は、これら四つの要素を駆使して最高のチームをつくるように心がけます。さらに、チームの状況や変化を常に観察しながら、よりよいチームとなるように手を打っていきます。チームに対するきめ細かい配慮が、最終的にワークショップの活性度を決めることになります。

プログラム・デザインで流れをつくる

知識・経験・やる気を兼ね備えた役者をそろえれば、極端に言えば何もしなくても場が動き出します。環境だけ用意すれば、自分達でワークショップをつくり上げてくれます。

ところが、いつもそんな贅沢ができるとは限りません。それなりの人達やあてがいぶちのメンバーでワークショップを組み立てざるをえないのが現実の姿です。それに、自然発生的な活動に任せていては時間が読めません。与えられた時間の枠のなかで収めるにはつらいところです。

そこで用意するのが、演劇でいえば台本（シナリオ）にあたるプログラムです。これがあるから、どんな人が参加しようが、限られた時間のなかで、一定の成果が生み出せるようになります。適切な**プログラム・デザイン**によって、ゴールに向けての道筋が見えてきます。

プログラムをつくるもとになるのが、チーム・デザインの一番目の要素であるコンセプトです。それを実現するために、与えられた時間のなかで、どういう順番でどういう活動をしていくのか、段取りを定めていきます。

実際にはゼロから考える場合は少なく、先人達が培ったプログラムのパターン（型）があります。それをテーマに当てはめて時間を配分すれば、大まかな流れは構成できます。

さらに、各々のパート（セッション）を、狙い（ゴール）、アクティビティ（活動内容）、テーマ（問い）、活動環境（場）に展開してプログラムをつくり込んでいきます。

場合によっては、一回のワークショップでは片づかず、何度もワークショップを重ねて目的に達する場合もあります。ワークショップ以外に会議、分科会（ワーキンググループ）、自主学習、調査、報告会、フォローアップといった取り組みが必要となるケースも少なくありません。

これら一連の活動を設計することを**プロセス・デザイン**と呼ぶ場合があります。そこまで手を広げると大変なので、本書ではワークショップに限って話をしていくことにします。

ファシリテーターが場を舵取りする

役者と台本がそろったら、ワークショップが始められるようになります。ところが、実際には意図した通りにはなかなか進まないものです。演技のやり方を指導したり、シナリオに手を加えたりしなければならなくなります。予定外のことも次から次へと起こり、臨機応変な対応をすることで何とかゴールにたどりつきます。それが、演出家にあたるファシリテーターの役割です。

ファシリテーション（facilitation）とは、「促進する」「容易にする」「円滑にする」「スムーズに運ばせる」というのが原意です。集団による知的相互作用を促進し、人々の活動が容易にできるよう支援し、うまくことが運ぶようにするのがファシリテーションです。またその役割を主体的に担う人を**ファシリテーター**（進行役）と呼びます。コンテンツ（中身）ではなく、プロセス（進行）を舵取りするところがポイントとなります。

ファシリテーションのスキルは多岐にわたっており、拙著『ファシリテーション入門〈第2

版》』（日経文庫）では主に会議で必要なスキルを紹介しました。ワークショップでは異なる技が求められ、全体の流れに沿って必要となるスキルを四つ紹介していきます（図表1－6）。

①先導のスキル（Leading）

ワークショップのゴール、プロセス、ルールといった進め方をファシリテーターが説明するところからワークショップは始まります。的確な**インストラクション**（指示）が求められます。同時に、話し方や表情を使ってワークショップのムードやペースをセットします。

スタート時に大切なのが、参加者が安心してホンネで話せる雰囲気をつくることです。そのためには、**アイスブレイク**と呼ばれる、場を温めて緊張をほぐしたり、参加者の興味や関心を引きつける活動が欠かせません。ファシリテーター自身が積極的に素直に心を開いて見せると、みんなもありのままの自分でいられるようになります。

②保持のスキル（Holding）

うまくチームを流れに乗せることができたら、基本的には参加者の主体的な活動に委ねます。とはいえ、放置するのではなく、ファシリテーターがしっかり場を**ホールド**（保持）しておかなければなりません。**傾聴**や**応答**を通じて参加者の思いや考えを受けとめつつ、その場で起こっていることを注意深く**観察**していきます。ワークショップの様子を温かく見守りながら、常にファシリテーターが手綱を握っているという安心感を与えることが大切です。

さらに、必要に応じて、活動の内容やプロセスをホワイトボードや模造紙に**見える化**して、自律的な活動を促進していきます。これを**ファシリテーション・グラフィック**と呼び、ファシリテーターの重要なスキルのひとつとなります。

③介入のスキル（Adjusting）

場に委ねるとはいえ、逸脱、混乱、偏向、逃避、停滞、過剰などの、自律的には対処が難しい問題が発生したときは、チームに割って入り、修正や解決の支援をしなければなりません。対話や検討が不十分な場合にも積極的に手助けをして、当初の目標に到達するよう、相互作用を高める働きかけをします。こういった行為を**介入**と呼びます。

たとえば、今この場で起こっていることを、**フィードバック**して自覚を促します。思考の壁が打ち破れず袋小路に入り込んでいたときは、新たな視点を切り拓く**質問**を繰り出します。他にも介入にはさまざまなやり方があり、できるだけチームの主体性を損なわないよう、細心の注意を払って進める必要があります。

④終息のスキル（Closing）

ワークショップが滞りなく進んだなら、成果を**ハーベスト**して（刈り取って）分かち合い、

図表 1-6　ファシリテーションのスキル

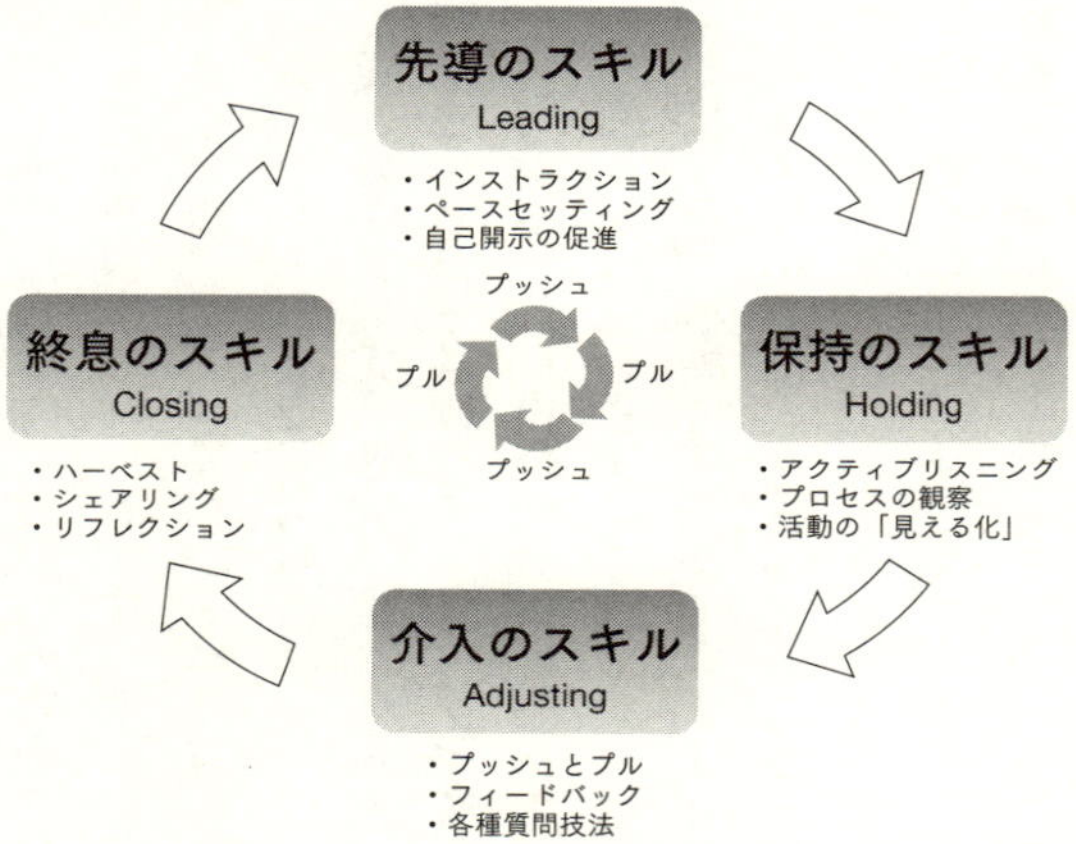

留めを打って幕を閉じます。その際には、ワークショップという非日常の場を、日常の仕事や生活にしっかり結びつけることを忘れてはいけません。ワークショップが単なるお祭り騒ぎで終わらないよう、成果を確認した上で、具体的な行動へと落とし込んでおきます。

あわせて欠かせないのが**振り返り**です。やりっぱなしにせず、ワークショップでの体験から学びを得なければ、せっかく集まった甲斐がありません。省察（リフレクション）を促進するスキルが必要となってきます。

ワークショップで大切な理念とは

ワークショップで何より大切なのは、互い

の人権や個性を尊重することです。

自分や他のメンバーが尊重されていないと感じた人がいたら、その気持ちを素直に受け入れ、皆で状況を変える努力をする必要があります。活動に参加するかしないか、どこまで自分の扉を開くかを決めるのは本人です。決して強制や非難をしてはいけません。体験学習の世界で、**チャレンジ・バイ・チョイス**と呼ばれている考え方です。

それを促進するために、多くの人が参加しやすいよう、気軽にできるものから始め、徐々にハードルを上げていきます。ある程度上がったら、もう一度易しい活動から始め、入り損ねた参加者が入れるタイミングをつくるようにします。

また、ワークショップでは、個人的な感情や性癖などを含め、すべての自分を持ち込むことが推奨されます。**全体性**（ホールネス）と呼びます。それを高めるために、開示された個人的な情報、言動、感情などは、他では一切オープンにしないのを原則とします。

ワーク中にさまざまな危険性が伴う場面が生じることもあります。特定の人に不愉快な印象を与える、子ども・女性・高齢者・障害者などに困難となる、過剰な自己開示や暴力的な行動を誘発する、激しい葛藤や心理的損傷を引き起こす、事故が発生するといった状況です。決して無理強いをせず、リスクを十分に伝えた上でやる・やらないを本人に決めてもらうようにします。

予期せぬ事態が起これば、みんなで話し合って解決します。方向性に迷うことがあれば、みんなに決めてもらいます。そんな民主主義の精神の上にワークショップが花開きます。人間性、全体性、民主性がワークショップの基本理念であることを肝に銘じておきましょう。

多様な場でスキルとマインドを鍛える

多くのワークショップでは、ファシリテーター自らが**ワークショップ・デザイナー**を兼ねます。三つのスキルがかみ合ったときに大きな力を発揮します。書籍で勉強するだけでは心もとなく、現場を豊富に経験して自分なりのノウハウを積み重ねることが何より重要です。

それも、できるだけ多様な経験を積むことが、上達の近道となります。どのジャンルのワークショップを経験しても、必ず他の分野の役に立ちます。いろんな種類のワークショップを経験すれば、自身の幅が広がるとともに、その本質がつかめるようになります

たとえば、合理性が求められる組織系のワークショップでは、明快な成果に向けてロジカルに思考を組み立てていく力が欠かせません。民主性が問われる社会系では、コンセンサスの正統性や納得感を高めるための道筋づくりが鍵となります。学びや気づきを大切にする人間系で

は、人と人の関係の変化を舵取りしていく力がものを言います。

実際には、三つともある程度は備えていないと、思うようなワークショップができません。ましてや人・組織・社会の変革を目指すのであれば、どれが欠けてもうまくいかず、総合的なスキルが要求されます。自分のフィールドに閉じこもらず、幅広い経験のなかから、創発を生み出す場づくりのノウハウを培っていく

COLUMN

どうすればワークショップが開催できるのか？

残念ながら、上意下達の体育会系（軍隊系）組織とワークショップの相性はあまりよくありません。「やらせてください」と正面から切り出しても、意味はおろか言葉すら通じない可能性が大です。

まずは、普段の会議や研修の中に、ワークショップ的な要素をさりげなく盛り込むところから始めてはどうでしょうか。本題に入る前か後に、少人数によるちょっとした対話の時間を取るのです。実際に経験してみないことには、ワークショップの良さは理解できませんから。

あるいは、上司をうまくそそのかしましょう。たとえば、チームづくりのワークショップをやりたいなら、「部長、みんながどう思っているか知りたくありませんか？」といったように。興味を示せばこっちのもの。「実はワークショップというものが…」と耳打ちするのです。

興味を示さなければ「知らなくて本当に大丈夫ですか。度胸があるなあ…」と不安をあおるようにします。これにはよほどの神経の持ち主しか耐えられません。こり固まった組織に風穴を開けるには、調略を駆使するか、ゲリラ戦を地道に展開するしかないのです。

ことが求められます。

さらに、スキル(Doing)だけではなく**マインド**(Being)も鍛えていかなければなりません。マインド(心)のないスキル(技)は相手に響かず、誰も動いてくれません。かといって、技がないと心が届かず、空回りしてしまいます。技を磨くことはもちろん、他人を思いやる気持ち、公に奉仕する姿勢、人としての存在感など、人間性を培っていく必要があるのです。

ワークショップの参加者は、自分達で解決や学習する力を持っています。ファシリテーターができるのは、持てる力をフルに発揮できる場を提供し、自律的な活動に寄り添い見守るだけです。"Be with"が基本姿勢であることを、強く胸に刻んでおきましょう。

第2章

チーム・デザインのスキル

1　ワークショップのコンセプトを企画する

提供する価値を明らかにする

ワークショップの企画はコンセプトづくりから始まります。自分達がやりたいことを5W1Hに展開して、ワークショップに対する基本的な考え方を明らかにしていきます（図表2－1）。

すべての土台になるのがWho（対象）とWhy（狙い）です。すなわち、「誰を何のために集めるのか？」「どんな人にどんな価値（便益）を提供するのか？」です。ここがはっきりしていないと、他の要素が検討できません。

ターゲット（対象者）は、性別、年齢、属性、人数はもちろんのこと、どんな問題や気持ちを抱えた人達なのか、具体的にイメージしておきます。その方々の胸の内を想像し、何を必要としているのか、どんなことを望んでいるか、欲求やニーズを考えます。

ワークショップの**狙い**は、学習、創造、問題解決、合意形成、変革、成長、関係づくりな

図表 2-1　ワークショップのコンセプトづくり

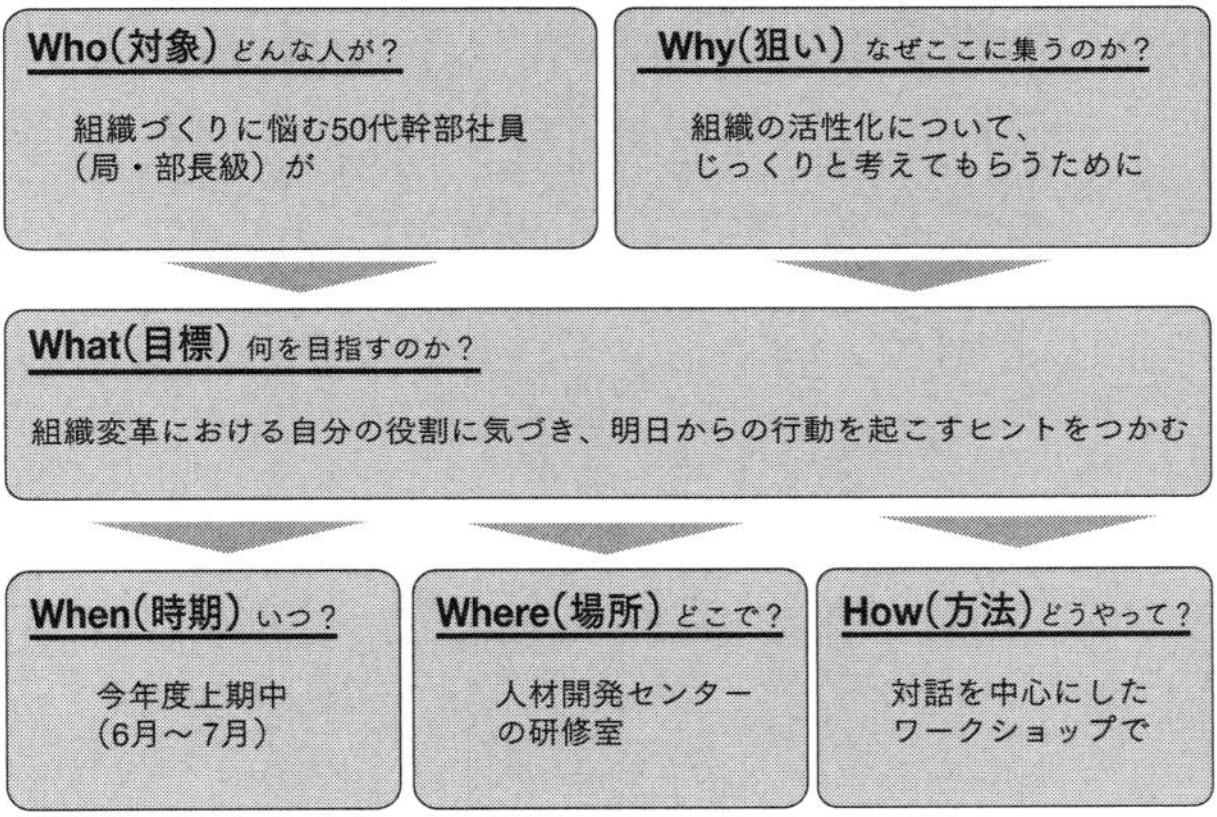
Who(対象) どんな人が？
組織づくりに悩む50代幹部社員
（局・部長級）が
Why(狙い) なぜここに集うのか？
組織の活性化について、
じっくりと考えてもらうために
What(目標) 何を目指すのか？
組織変革における自分の役割に気づき、明日からの行動を起こすヒントをつかむ
When(時期) いつ？
今年度上期中
（6月～7月）
Where(場所) どこで？
人材開発センター
の研修室
How(方法) どうやって？
対話を中心にした
ワークショップで

ど、いろいろ考えられます。それによって、プログラムの中身がまるで違ってきます。ワークショップを通じて何を実現したいのか、どんなことを期待するのか、どんな意味があるのか。開催する狙いや意図をできるだけ具体的な言葉で表現するようにしましょう。

ワークショップの到達点を考える

次に考えるべきはWhat（目標）です。目的とはみんなを集める理由や意味であり、目標はそこで得たい**アウトカム**（成果）や目指すべき**ゴール**（到達点）です。平たく言えば、「何を持って帰ってもらうか?」「どんな結末を目指すのか?」です。ゴールを明らかにしておかないと、どこまでやればよいのか、どの程度のペースで進めればよいのかが決まりません。主催者側の思惑と参加者側の期待感がミスマッチとなる原因にもなります。

よくやる失敗のひとつが、テーマのゴールとワークショップのゴールを混同してしまうことです。たとえば、「職場が元気になる」が前者であり、「職場が元気になるための取り組みを決定する」が後者です。ワークショップが終わった時点で職場が活性化するはずはなく、できないことはゴールになりません。

もうひとつよくやる失敗が、目標とする成果の中身まで設定してしまうことです。先ほどの例で言えば、「職場が元気になるためにコーチングを導入することを決定する」です。これではワークショップをやる意味がなく、アリバイづくりをするだけになります。

ゴールは、できるだけ具体的に表現して、イメージしやすくしておきます。「在庫を二〇%減らすのに最も効果的な策を見つけ出す」「明日からできることをひとつ持って帰る」「組織のビジョンを四〇文字程度でまとめる」といったように。

目に見えるものばかりでなくても、「スッキリとした気分で帰る」「問題を新しい視点で考えられるようになる」「気軽に話せる関係性をつくる」といった心理的なゴールでも構いません。達成したか未達で終わったかが判定できるゴールを定めておけば、事後の振り返りの材料にもなります。

ときには、どこまでやれるか、ゴールの予想がつかない場合もあります。そんなときは、「最低限○○まで、順調にいって△△、あわよくば□□」と段階的に設定しておきます。

なかには、「あらかじめゴールを設定すると自然な場の流れを阻害する」「人それぞれのゴールがあればよく共通のゴールを持つ必要はない」と考える人がいます。それもひとつのゴールです。その認識をしっかりと共有しておけば問題はありません。

いつどこでワークショップをやるのか

こうやって土台ができたら、5W1Hの残り半分であるWhen（時期）、Where（場所）、How（方法）を大まかに決めていきます。

まずは、どれくらいの時間をワークショップにかける（かけられる）のか、過去の経験と対象者の状況や予算などと照らし合わせて決めます。場所や準備の都合もあるので、参加者の状況などを加味しながら、開催予定日を仮決めしておきます。一回のワークショップでは消化しきれないときは、連続ワークショップとして、各回の開催日と時間を見積もります。

ワークショップを開催する場所も、当たりをつけておきましょう。場所が変われば雰囲気が変わり、活動の盛り上がり方も変わってきます。場所を仮置きしておけば、プログラムが検討しやすくなります。場所選びの具体的なやり方については後で述べることにします。

その上で、ゴールに到達するのにどんなやり方を用いるべきなのか、方法を検討します。この段階では、ワークショップという方法がふさわしいのか、会議や研修などの他の方法を組み合わせるべきなのか、大まかな方針だけを考えておけば十分です。詳しくは、第3章のプログラム・デザインのところで説明します。

タイトルでコンセプトを明快に表す

こうやって5W1Hがそろったら、仕上げにワークショップに**タイトル**をつけてみましょう。できれば、メインとサブをセットにして。

コンセプトを明快に表現しながらも対象者の興味をかき立てる、意外性と納得性のあるタイトルを目指します。「仕事の悩みを語る〜対話カフェ」「あなたはそれでよいのか！　組織改革ワークショップ」「〈実践〉論理のチカラを知ろう！」といった具合に。多様な意味を含ませながらも、エッジの利いた言葉で表現するのがポイントです。タイトルのつけ方によって、集まる人や期待感が大きく変わり、これもチーム・デザインの大切な要素となります。

タイトルがつけづらかったり、しっくりこないようであれば、コンセプトが十分に練られていないのかもしれません。この段階で分かりにくいようなら、当日混乱するのは必至です。コンセプトに立ち戻って考え直してみる必要があります。

コンセプトはチームづくりの根幹をなすものです。事前に入念に検討しておき、一度決めたらブレないようにしなければなりません。後述するように、ワークショップに参加するメンバーにもしっかりと伝えて、主催者側と参加者側で食い違いがないようにしておきます。

とはいえ、コンセプトはワークショップを企画・運営するための仮説に過ぎず、やってみないと本当のところは分かりません。蓋を開けてみたら、想定とは全然違っていたという話もよくあります。やり始めてから、企画側の意図と参加者の期待にギャップが見つかることもよくあります。

そんなときは、コンセプトを手放して、その場でもう一度練り直すしかありません。思い通りにいかないことを想定しておき、仮説を複数持っておくとあわてずにすみます。ブレないことは大切ですが、大胆に転換する勇気も持ち合わせたいものです。

2　多様なメンバーを集める

何人でワークショップをすればよいか

チームづくりに、実質的に最も影響があるのが、**メンバリング**（メンバー選び）です。ワークショップの成否はここにかかっているといっても過言ではありません。

ところが、いつも主催者側がメンバーを自由に選べるとは限りません。実際には、選択の余地がなく、あてがいぶちでやるケースが多くあります。その場合でも、次から述べるメンバリングのポイントを知っておくと、プログラムを考える際に役立ちます。集まった参加者のなかで、さらにメンバリングをするときにも活用できます。

最初に考えるべきは、何人でワークショップをやるのか、量（人数）の話です。

多ければ多いほど、豊かな知識や経験が集まる半面、成果をまとめたり全体の舵取りをするのに苦労させられます。かといって、人数を絞ると、一人ひとりの参加度合いが高くなるものの、大きな相互作用が起きづらく、活動が沈滞化する恐れがあります。どこかで落ち着きのよいところを探さないといけません。

集まるメンバーにもよりますが、多様性を確保するには最低でも一〇名は欲しいものです。ひとりのファシリテーターが扱えるのが二〇名くらいと言われており、最もバランスのよいところです。四〇〜五〇名でもやれないわけではありませんが、説明や指示が行き届かなくなったり、成果やスピードにばらつきが出ることを覚悟しなければなりません。

それ以上となると、アシスタント的なファシリテーターを置くか、プログラムに特別な工夫を凝らす必要があります。そうすれば、何百人でもできないわけではありません。

ただしこれらはあくまでも一般論であって、ワークショップの活用分野や目的によって異なります。たとえば、人間系のワークショップでは、人数を絞り気味にしたほうが密度の濃い対話ができます。逆に、社会系のワークショップでは、幅広い参加を促したほうが合意に対する当事者性を高めることにつながります。

いずれにせよ、いつも参加者全員で活動する必要はなく、いくつかのグループに分けることで、参加度と相互作用の強さがコントロールできます。グループサイズの使い分けについては、第3章のプログラム・デザインのなかで述べることにします。

メンバー選びが成功の最大の秘訣

ワークショップの人数が見積もれたら、次に考えないといけないのがメンバーの質、すなわち誰をワークショップに参加させるかです。

ワークショップの素材となるのが、一人ひとりが持っている資源です。深い知識、豊富な経験、高い能力を持つ人を集めるほうが、優れた成果が期待できることは言うまでもありません。必ずしもテーマに直結していなくても、仕事や人生について豊かな資源を持った人なら、よい味を出してくれるはずです。ワークショップ成功の秘訣はここにあります。

資源は成果面だけではなく、興味、関心、やる気といった心理面も大切です。テーマに取り組むモチベーションが高い〝旬〟な人を集めれば、何も言わなくても自然発火してくれます。やる気のないメンバーに悩まされるくらいなら、最初からやる気が高い人を集めるのに越したことはありません。

加えて、権限や人脈などの社会的な面も忘れてはいけません。特に、ワークショップの場で意思決定や合意形成をする場合は、権限を持った人を集めないと活動が無駄になってしまいます。それが難しければ、権限のある人に影響が与えられる人や、「あの人が参加して決めたなら従わざるをえない」という信頼を得ている人が望ましいです。

そういう意味では、重要な利害関係者をもらさないことが大切です。もらしてしまうと、後で「聞いてないよ」と臍を曲げられてしまいかねません。多すぎる場合は、事前にヒアリングをしたり、書面で意見を提出してもらうなど、別の参加の手立てを用意するのが賢明です。

多様性が創造性を生み出す

同質性の高いチームは、活動の立ち上げもアウトプットのまとめも速く、一定の成果を無難に生み出すのに向いています。ところが、失敗のリスクは低いものの、創造力や意外性に欠けて面白みがあまりありません。同じような考え方をする人ばかり集めても、ワークショップのダイナミズムは生まれづらくなります。

逆に、**多様性**の高いチームは、チームづくりにもまとめにも苦労させられ、下手をすると空中分解して大失敗ということもありえます。ところが、うまく舵取りできれば、予想をはるかに超える成果を生み出すことができます。できればこちらを狙いたいところです。

具体的には、直感的に考える人と論理的に考える人を混ぜておく、違う分野の専門家を入れておく、あえて反対意見を持つ人を加える、といったやり方です。多様性、すなわちメンバーの幅を確保しておくことは、創造的な活動を展開するのに欠かせません。

図表2-2　人をタイプ分けする方法

エニアグラム

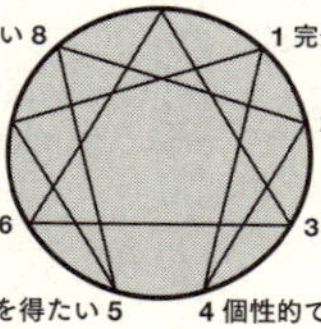

コミュニケーションスタイル・モデル

	感情が出やすい	感情が出にくい
自己主張が強い	コントローラー 織田信長	プロモーター 豊臣秀吉
自己主張が弱い	アナライザー 徳川家康	サポーター 山内一豊

特に、長期間の連続ワークショップともなれば、どうしてもマンネリや馴れ合いになりがちです。メンバーを入れ替えたり異分子を入れたりして、開放性を保ちつつ新陳代謝をさせ、常にチームを適度な緊張関係に保つような工夫が必要となります。

多様性を確保するには、性別、年齢、職業、役職、出身、キャリア、活動分野などの属性情報が一番の手がかりになります。

一例を挙げると、公務員には真面目で誠実にキッチリと作業を進める人が多く、デザイナーには自分に正直で平凡を嫌う人が多いと言われています。若い人は自分の心の内を語るハードルが高く、中高年となると経験談や自慢話が多くなります。ステレオタイプにはなりますが、属性をチェックすることで、ある程度ワークショップでの振る舞いが推察できます。

こんなとき、人をタイプ分けする方法を知っていると重宝します（図表2−2）。代表的な手法に**エニアグラム**があり、人間の個性を九つのタイプに分けて考えます。同じタイプの人同士のほうが共感性は高くなるものの、多様なタイプを混ぜたほうが成果の面では軍配が上がります。

メンバーの集め方でチームの活力が変わる

このように考えていくと、チームをデザインするには事前の情報収集が大切であることが分かります。特に外部の立場でワークショップを企画する場合には、関係者への事前のインタビューが欠かせません。属性（性別、年齢、地位など）、個性（思考パターン、自己開示の度合い、内的欲求など）、意識（悩み、問題、仲間意識など）、資源（知識、経験、関心など）、関係性（深さ、ムード、風通しなど）といった情報を集めるのです。

これらの情報は、メンバー集めのプロセスにおいても参考になります。自発的な参加を募る場合に、告知の内容とやり方を考える上での手掛かりとなるからです。

チームづくりで意外に重要なのが告知文です。どんな呼びかけをするかで、反応する人が変わるからです。集めたい人の心に響く文章を書かないと、見当はずれの人が集まってしまい、当日に苦労させられる羽目になります。

どんな人に来てほしいか、ここに来ればどんな便益があるのかを強調し、立案したコンセプトをしっかりと表現するようにします。参加のハードルを上げれば選りすぐりのメンバーが、逆に下げれば幅広い多様なメンバーが集まります。このあたりのさじ加減も告知する際の妙となります。

一方、あらかじめ参加するメンバーが決まっている場合は、事前に集めた情報に基づいて声のかけ方を工夫します。それによって、メンバーの意識やチームの関係性が変わるからです。声をかける順番を間違えると、メンバー集めへの協力が得られなくなってしまう恐れすらあります。意思決定者、利害関係者、実行責任者などを優先するのはもちろん、参加しない有力者にも一言声をかけるだけで、スムーズにことが運ぶようになります。

そのときは、一方的に協力を要請するのではなく、相手の考え方や思い、要望や見解などを聴き出しておくようにします。関係づくりに努めつつ、こちらが期待する役割を示して、ワークショップへの関わり方をイメージしやすくしていきます。チーム・デザインは、ワークショップを開催する前から始まっているのです。

3　チームの関係性をデザインする

メンバー同士の関係に注目する

個人の能力や意識だけでチームのパフォーマンスは決まりません。もうひとつ重要なのが、メンバー同士の関係性（相互作用）です。前述したように、うまく働けば予想以上の展開が生まれ、働きが悪いと互いに牽制したり葛藤が生まれたりします。ワークショップの成果は関係性で決まると言っても大げさではありません。

メンバーを選定した時点で、関係性のかなりの部分は決まってしまいます。特定の組織からメンバーを集めれば、職場の風土や普段の関係性がストレートに出てしまいます。それを大きく変えるのは容易ではありません。

一般論で言えば、ワンマン経営の体育会系の組織は、どちらかと言えばフラットに話し合うのが苦手です。技術系の職場やネットでのコミュニケーションに慣れた若手が集まる場では、自分をオープンにするのがためらわれがちになります。同じ企業であっても、所在地によって土地柄や県民性が違います。参加予定のメンバー達が、いつもどんな関係性のなかで活動しているかを事前に知っておくことが重要です。

加えて、人と人には相性があります。相手との関係性によって、発揮する個性や演じる役割が変わってきます。誰と誰を組み合わせれば相乗効果が出て、逆に誰と誰を一緒にすると相殺しあうのか、事前に分かっていれば対処のしようがあります。当日あわてないためには、事情通の人などを介して、組織内の人間関係についても取材をしておくとよいでしょう。

普段から関係を温めておく

後述するように、ワークショップでは、関係性を高める活動から始めるのが一般的です。とはいえ、限られた時間のなかでやれることは限られています。見知らぬ者同士が集うワークショップの場合、事前に交流する場を設けておけばスムーズにスタートが切れます。いつも顔を合わせている仲間でも、普段から関係性を高めておくと、当日の振る舞いが変わってきます。

そのために何より大切なのは、コミュニケーションを取り合って、互いのことをよく知ることです。自己紹介で披露するようなオフィシャルな情報はもちろん、得意・不得意や好き嫌い、ものの考え方や感じ方など、その人固有の枠組みまで知っておきたいところです。

そのためには、自分の枠組みをオープンにする**自己開示**と、それを他の人が受け入れる**他者受容**が欠かせません。たとえば、普段から会議の前に「チェックイン」（第3章参照）をして互いの心のなかにあるものを分かち合う。あるいは、朝礼の時間に、先週あったエピソードを三人一組で語り合う。飲食を共にするのも関係性を高めるのに役立ちます（飲み会もやらないよりましですが、酔ってやったのでは効果半減です）。

一方、共通の目的や目標を分かち合うことも、関係性を高めるのに貢献してくれます。協力したり助け合ったりする体験をするのも、貴重な財産となります。そうやって、普段から一体感を高めておくことが、活気あふれるワークショップを生み出す礎となります。ワークショップが始まってからあわてても遅いわけです。

もっと言えば、ワークショップの後のチームへのフィードバックも重要です。ワークショップとは単発の打ち上げ花火ではなく、人や組織が進化・成長するひとつの通過点にすぎません。ワークショップで得た経験をチームづくりに役立て、それをまた次のワークショップに活かしていく。そうやって、日常と非日常を循環させながら、強固な関係性をつくっていくのが本当の**関係性のデザイン**です。

4　ワークショップの環境をデザインする

どこでワークショップを開催すればよいのか

チーム・デザインでもうひとつ忘れていけないのが、活動環境（場）のデザインです。人は周りの空間とも相互作用を起こしており、物理的な環境に心理も行動も影響を受けます。ワークショップにふさわしい居心地のよい空間を用意するのはもちろんのこと、場が持つエネルギーを使って、参加者の活動を最大限に高めていくことを考えなければなりません。

そのために重要なのが、ワークショップを開催する場所の選定です。普段の会議の延長線上にならないよう、少し**非日常的**な空間がワークショップに適しています。具体的には、会社の教育センターや保養所、民間のセミナー会場、公共の会議研修施設、ホテルの部屋、貸会議室などです。非日常感は距離に比例しますので、職場に戻るのを諦めるくらい離れたところが適しています。

会場周りの環境も大切で、落ち着いて対話するには、都市の喧騒のなかよりも、郊外の自然に囲まれたところのほうが望ましいでしょう。土地には歴史と風土が息づいており、それが参加者にインスピレーションを与えてくれることもあります。予算と時間の制約のなかで、できるだけ目的にふさわしい場を選びたいところです。

だからといって、南国のリゾートのように非日常的すぎるのは逆効果です（ご当地ならではのワークをやる場合は別）。遊び気分になってリラックスしすぎてしまいエネルギーが湧いてこないからです。目安としては、職場から二～三時間離れるのが適当なところです。

それが難しい場合でも、いつもの会議室でやるのはできるだけ避け、カフェテリア、ショールーム、研修ルーム、他の事業所の会議室など、できるだけ非日常感を演出したいところです。それもダメな場合は、部屋のセッティングに工夫を凝らすしかありません。いずれの場合でも、事前に下見をして、参加者の目線でチェックしておきたいところです。

ワークショップにふさわしい場を選ぶ

ここからは、部屋を選ぶ際の留意点を述べていきます（図表2－3）。

参加人数に対して部屋が広すぎると、活動のエネルギーが空中に抜けてしまい、集中力や一体感が生まれてきません。逆に狭すぎると、窮屈なばかりでなく心理的ストレスを感じ、場が活性化していきません。目安として、二〇名程度がグループワークを含んだワークショップをするには、少なくとも一〇〇平米程度が必要となります。

広すぎる場合は、パーテーションやホワイトボードで間仕切りをしたり、使わない机や椅子を積み重ねたりして、空間を遮断するようにします。狭すぎる場合は、思い切って机を減らす（なくす）、窓を大きく開ける、ドアを開けっ放しにする、などで開放感を演出します。部屋の形としては正方形に近いほうが、レイアウトの自由度が高くて助かります。細長い部屋にせざるをえない場合は、後述するような工夫が必要です。

天井の高さ、窓の有無、部屋の明るさ、壁の色（材質）などに左右される部屋のムードも大切な要素です。特に、天井の高さや壁の色は調整が利かないので、部屋選びのときに注意するしかありません。

窓がある（あるいはブラインドを開ける）と開放感があるものの、意識が散漫になりがちになります。逆にない（あるいはブラインドを閉める）と、エネルギーが集中しやすくなるものの、閉塞感のために疲れてきます。部屋の明るさは、個人の内面に関わる話のときは暗く、前向きな話のときは明るくといった調整ができると、ムードを変えるのに役立ちます。

さらに、机で作業する必要があれば、机の大きさと数のチェックが欠かせません。体を動か

図表 2-3　部屋選びのポイント

部屋		什器・備品	
大きさ	広すぎたり、狭すぎないか 活動スペースが十分か	机	移動や折り畳みができるか 数は十分か
形状	極端に細長くないか 無駄な出っ張りはないか	椅子	移動や折り畳みができるか 数は十分か
天井	高すぎたり、低すぎないか 声が抜けることはないか	照明	どこで調整するのか どれくらい調整可能か
温度	暑すぎたり、寒すぎないか 温度に偏りはないか	冷暖房	どこで調整するのか どれくらい調整可能か
明るさ	明るすぎたり、暗すぎないか 明るさに偏りはないか	仕切り	間仕切りが可能か 可動式の間仕切りがあるか
窓	窓はあるか、開けてよいか ブラインドが使えるか	記録	ホワイトボードがあるか パソコン用の電源はあるか
壁	壁の色（材質）は適当か 壁に紙が貼れるか	AV	マイクが使えるか プレゼン機器が使えるか

すアクティビティをする場合は、動きが取れるだけの空間が確保できるか、そのために机や椅子は動かせるかどうかの確認が必要です。ファシリテーション・グラフィック（第4章参照）をするのであれば、ホワイトボードが何台確保できるか、模造紙を貼り出す壁があるかどうか、テープで貼ってもよいかの下調べを怠らないようにしましょう。

一体感のある場をつくりだす

ワークショップを開催する部屋が選定できたら、使い方を検討することになります。工夫次第で場のムードを変幻自在に演出できます。ここでは**レイアウト**（空間設計）を考える際のポイントを紹介します。具体的なやり方は第3章で述べたいと思います。

距離が離れた人とは気持ちの上でも疎遠になり、物理的な距離はそのまま心理的な距離に比例します。ガッツリ対話するには50センチ、深い議論をするには1メートル、フォーマルな会話には2メートル以上が目安となります。できるだけコンパクトに集めたほうが、チーム意識が醸成されやすくなります。

距離の取り方は、会場の使い方の工夫でも補えます。たとえば、縦長の会場で大人数がワークショップをやると、前と後ろとではかなり距離ができてしまいます。チーム意識が生まれづらく、ファシリテーターの指示も行き届きません。それを横長に使うことによって互いの距離が近づき、会場全体の一体感が高められます。

ファシリテーターとメンバーとの視線関係も大事な要素です。相互に見通せて全員とアイコンタクトがとれるか、参加者からホワイトボードなどが見にくい位置はないか、などを考えます。

メンバー同士の視線も大切です。たとえば、視線が真正面から向き合う配置は、理性的な話し合いには効果的ですが、視線の逃げ場がなく、雰囲気が硬くなります。下手をすると対立を助長する恐れがあります。

それを、九〇度で視線がクロスする配置に変えるだけで、緊張感が和らぎ、親密に話ができます。さらには、居酒屋のカウンターのように、横並びに座る空間配置だと、対等かつ双方向でフレンドリーな雰囲気を生み出せます。

このように、メンバー相互がどの方向で視線を合わせるかで、場のムードが大きく違ってきます。互いにアイコンタクトがとれ、表情や仕草といった非言語メッセージが交換しやすい空間づくりを心がけるようにします。

机の有無もよく考えなければなりません。物理的にも心理的にもガード役になるからです。机があったほうが安心して話ができる一方、相手の懐に飛び込むには障壁になります。まして や机が大きくなればなるほど、互いの距離が遠くなり、腹を割った議論がしにくくなります。話し合いの活性度も下がり気味になります。

逆に机がない場合は、互いをさえぎる壁がないのでインフォーマルな話に向きます。逆に、無防備に自分をさらけ出しているようで、慣れないと落ち着きません。これもワークショップのアクティビティに応じて使い分けていくことになります。

図表 2-4　テーブルを演出する

小道具を使って場のムードを演出する

空間を演出するのは、机と椅子だけではありません。さまざまな**小道具**の使い方も覚えておくと重宝します（図表2－4）。

たとえば、殺風景な壁も、ワークショップのタイトル、プログラム、ルール、以前の記録などを書いて貼り出せば、意識の共有はもちろん、雰囲気を盛り上げるのに役立ちます。あるいは壁一面に記録スペースとして模造紙を貼っておけば、これから始まる活動への期待感が高められます。

オフィス机では味気ない場合は、テーブルクロスや色つきの模造紙を広げれば、場の雰囲気が一変します。共用の落書きスペースとしてワークに活用することもできます「えんたくん」と呼ばれる、段ボール製の持ち運び可能な丸テーブルを使うのもひとつです。さらに、花、折り紙、プラカード、コップに入ったペン、絵葉書、マスコットなどを机の上に置けば、おしゃれなムードが演出できます。

なごやかさや高揚感を演出するためにBGM（あるいはBGV）も効果的です。部屋と人数によっては、ヒソヒソ話も全員に筒抜けになり、雑談がしにくいときがあります。そういうときは、軽い音楽を流すと、

COLUMN

やる気が低い参加者にどう対処すればよいか？

やる気の多い少ないは人それぞれ。低い人に目を奪われるよりも、高い人に注目したほうが得るものが多くなります。やる気にならないことを無理にやらせてもいい結果になりません。「やる気が低い」と決めつけず、「やりたいことが違う」と考えてみてはどうでしょうか。

「やりたくないですよね」と気持ちを受け止めた上で、「何だったら、やってみたいですか？」と尋ねてみましょう。それを、何らかの形でワークショップに盛り込んであげれば、多少なりともやる気が出てきます。そうやって、お客様然と構えている人を主催者にするのです。

それでもやりたくないとしたら、ワークショップに対してアレルギーがあるからです。大抵は、過去に自尊心が傷つくような手痛い目に遭ったことがあり、その記憶がトラウマになっているのです。

そんな時は、過去の痛手にしっかりと共感した上で、「やりたくなかったら、見ているだけでOKです」と伝えるようにします。これも参加の一つの形であり、互いに影響を及ぼし合うことができます。そのうちに気が変わって、やりたくなることも多いものです。

音にまぎれて自然と雑談が始まります。

さらに、堅苦しい雰囲気の部屋のときは、お菓子や飲み物を置いて、くだけた雰囲気を演出しましょう。机の上にあらかじめ配っておく手もありますが、部屋の片隅に置いて取りにいってもらうと人の動きが出ます。見知らぬ同士が出会い、雑談に花が咲いたり、ホンネが語られることもあります。

こんな風に工夫次第では、どんな部屋でもワークショップにふさわしい空間に変身させられます。あてがわれた部屋を何も考えずそのまま使うのは怠慢と言わざるをえません。少しでも魅力的な場になるように、諦めず、粘り強く、地道な努力を積み重ねましょう。

第3章

プログラム・デザインのスキル

1　プログラム・デザインの進め方

ワークショップの基本の形

ワークショップには、あえてプログラムをつくらずに、その場の流れに委ねるやり方があります。**非構成的ワークショップ**と呼ばれ、アクティビティもテーマも決めず、その場で起こったことを題材にして進めていきます。

本当の意味での即興演奏であり、うまくいけば大きな相互作用を生み出します。半面、参加者に依存する部分が大きく、時間も相当かかります。

それに対して、あらかじめプログラムを用意しておき、具体的なアクティビティやテーマに取り組みながら進めていくのが**構成的ワークショップ**です。どんな人が集まっても一定時間のなかでそれなりの成果を生み出せるのが利点です。とはいえ、仕込みすぎると作為的になる恐れがあります。

ここでは構成的ワークショップのプログラムについて解説していきます。非構成的ワークシ

図表 3-1　プログラムの構成

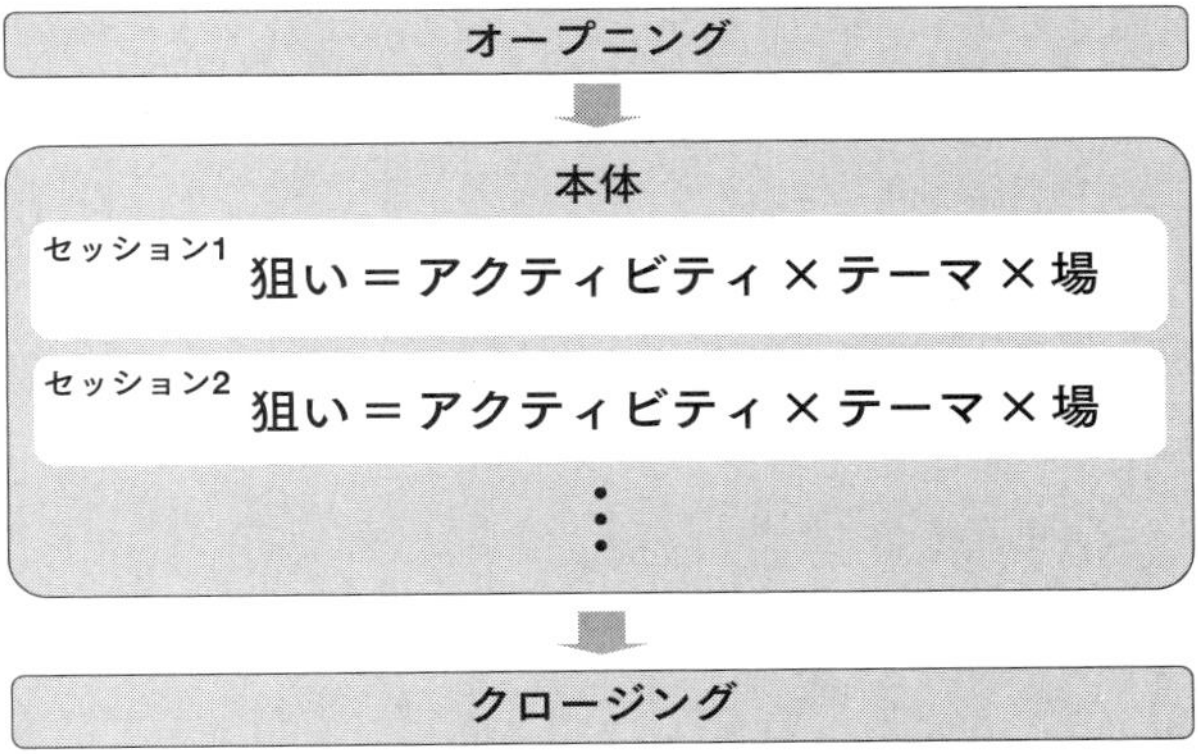

ョップに興味のある方は、巻末のブックガイドの参考書籍を参照してください。

ワークショップのシナリオにあたるプログラムは、大きく三つの部分から構成されます（図表3−1）。

まずは、導入に当たる**オープニング**です。ワークショップの狙いや進め方を共有し、参加者同士の関係性を深め、必要最低限の知識をインプットします。いわば、以降の活動に備えてのウォーミングアップです。

それが終わるとワークショップの**本体**に入っていきます。文字通りワークショップの要となる部分であり、さまざまなアクティビティを展開して目指す成果を生み出していきます。後ほど詳しく述べます。

そして最後はワークショップを締める**クロージング**です。成果や学習を確認したり、活動を振り返ったりします。締め方によって、スッキリと終わるのか、モヤモヤで終わるのかが左右されます。

プログラム・デザインの中心は二番目の本体部分です。本体は**セッション**と呼ばれるいくつかのユニットで成り立っています。セッションの長さは、一時間半（±三〇分）ぐらいが一般的であり、ワークショップのテーマと参加者によって多少変わります。

四つの要素でセッションを形づくる

各々のセッションは狙い、アクティビティ、テーマ（問い）、場の四つの要素で構成されています。次節以降で詳細を説明しますので、まずは概略だけを述べます。

①狙い

狙いとは、何のためにこのセッションを設けたのか、ここで何を目指すのか、達成すべき到達点は何なのか、セッションの目的や目標を指します。いわば、ワークショップ全体のゴールを達成するためにセッション毎に定めるサブゴールです。ここがあいまいだと、参加者が右往左往させられます。

②アクティビティ

狙いを達成するために、参加者がおこなう活動を**アクティビティ**と呼びます。自己紹介、ブレーンストーミング、ロールプレイといった、ひとつの活動のまとまり（単位）を意味します。アクティビティを決めると参加者の動きが決まります。アクティビティを駆使することで、ワークショップらしい場をつくることができます。

③テーマ（問い）

それぞれのアクティビティで取り扱う**論点**（イシュー）がテーマです。たとえば、グループ討議をする際に、「わが社の問題は？」をテーマにするのと、「私たちの課題は？」とするのとでは、話し合いの中身やムードが変わってきます。ファシリテーターがテーマを発問することから**問い**とも呼びます。

④場

アクティビティを効果的に進めるには、それにふさわしい舞台が必要です。具体的には、グループサイズ、メンバー構成、座席のレイアウト、空間の演出などがあります。**場づくり**の良し悪しでアクティビティの活性度が違ってきます。スキルよりもアートに近い部分かもしれません。

2　プログラムの大きな流れをつくる

セッションの狙いを明らかにする

ここからは、本体部分のプログラムのつくり方を説明していきます。まずは、セッションの狙いからです。

狙いとは、「何のためにこのセッションがあるのか？」「何を到達点とするのか？」という目的や目標です。「アイデアを＋出す」「実行計画を＋つくる」「互いを＋知る」のように、名詞＋動詞の形で表現にすると分かりやすくなります。

それに、「どの程度まで？」という、目指すべき**到達レベル**を加えると、やろうとすることのイメージが明確になってきます。先ほどの例で言えば、「アイデアを＋出す＋一〇〇個くらい」「実行計画を＋つくる＋各部門が行動できるレベルの」「互いを＋知る＋明日から協力して仕事ができるくらい」といった具合です。

セッションの狙いには大きく二種類があります。ひとつは、「このセッションでどんなアウトプットを生み出すのか?」という**成果の狙い**です。問題を発見する、情報を共有する、協働を体験する、考え方を合わせる、可能性を洗い出す、重要な施策を絞り込む、原因を追究する、アイデアを出す、成果を確認する、といったものです。

もうひとつは、「このセッションでどんなチームを築くのか?」という**関係性の狙い**です。互いを知る、考え方を知り合う、一体感を高める、危機感を共有する、対立に向き合う、ホンネが出る、関係を深める、議論できるようにする、気持ちを分かち合う、などがあります。

ワークショップでは、成果が出れば関係が深まり、関係が深まれば成果が高まります。いわゆるスパイラルアップで進んでいきます。プログラムをつくる際にも、成果の進展過程と関係性の進展過程の両面で考えるようにします。

プログラムがスムーズに流れるためには、セッションの狙いが人間の思考や行動のパターンに即した流れになっていなければいけません。「一体何をしたいのか分からない」と参加者を混乱させてしまうワークショップは、セッションの狙いが曖昧だったり、うまくつながっていなかったりしています。「そのセッションで何をしたいのか?」をしっかりと言葉で表した上で、自然な流れでつながるようにします。

セッションの狙いが無理なく並べられたら、大まかな所要時間を割り振っていきます。詳細な時間割はセッションの中身をデザインしなければ決まりません。まずはそれぞれのセッションにどれくらいの時間が取れそうか、与えられた時間内に収まりそうか否かを判断します。収まりきらなければ、どこかを削る、狙いを考え直す、成果の到達レベルを下げる、といった方法で各セッションの所要時間を調整していきます。そのときに、ガチガチにつめ込むのではなく、必ずクッションタイム（バッファ）を見積もっておくようにします。

起承転結型のパターンを使いこなす

ワークショップの経験が浅いと、狙いをどう並べればスムーズな流れになるのかよく分かりません。実は、構成的ワークショップでは、プログラムづくりの基本となるパターンがいくつか知られています。それらを活用すれば、誰でも簡単に大まかな流れが構成できます。

まず覚えてほしいのが、どのタイプのワークショップでも使え、応用範囲が最も広い**起承転結型**のプログラムです。短ければ二～三時間、長ければ数日かけた連続ワークショップでこのサイクルを回していきます。初心者の方は、このパターンを最初に覚え、テーマに応じてアレンジするところから始めてみてください。

起とは、参加者同士の関係性を高めるステップです。互いに打ち解けて話し合うムードにならないとホンネが出てきません。いわゆるチーム・ビルディングのステップです。

続く**承**のステップで、参加者が持つ資源を出し合います。前に述べたように、ワークショップの一番の素材は参加者が持つ知識や経験であり、たくさん集まらないとよい料理はつくれません。互いにどれだけ自己開示ができるかがポイントとなります。素材が足らない場合は、共通の経験をしたり、講義などを通じて知識を足しておきます。

それを**転**のステップで、協働体験を通じて、激しくぶつけ合って相互作用を起こします。対立や葛藤が起こったり、予期せぬことが起こる場面もあります。ここがワークショップのハイライトであり、設計も舵取りも一番難しいところです。

そして最後の**結**のステップで、生み出した成果を互いに分かち合います。あわせて、ワークショップで得た気づきを振り返り、今後に向けて学びを深めていきます。

さまざまなパターンを使い分ける

起承転結型が使いこなせるようになったら他のパターンも試してみましょう。たくさん覚えれば覚えるほど、いろんな課題に対応できるようになります（図表3－2）。サンプルプログラムが第5章に載せてあるので、あわせて参照してください。

図表 3-2　プログラムの基本パターン

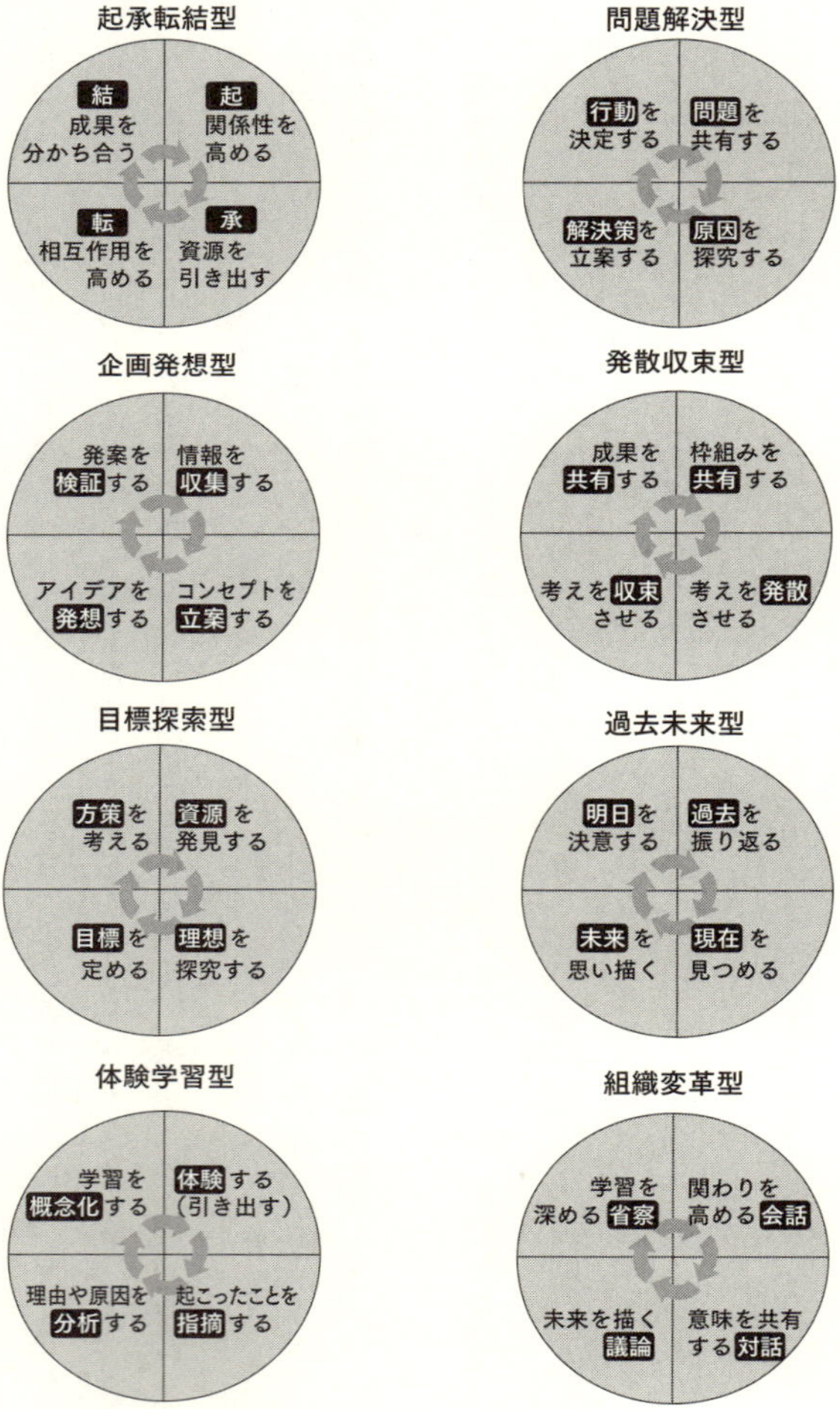

▶必ずしも４つのステップとは限らず、増減する場合もあります。

組織系ワークショップに欠かせないのが、問題共有→原因探究→解決策立案→行動決定とつなげる**問題解決型**です。合理的な成果を求めるときに役立ち、小さな問題なら半日程度で済みます。組織全体やコミュニティが抱える大きなテーマなら数日かけてじっくりとやります。あわせて、ビジネスシーンでは**企画発想型**や**発散収束型**もよく用いられます。

対する社会系では、問題解決型に加えて、資源発見→理想探究→目標設定→方策立案とつなげる**目標探索型**がフィットします。理想に向けて自分達に何ができるかを考えることから**ポジティブアプローチ**とも呼び、問題解決型とはムードも成果も違ってきます。

かたや人間系では、体験→指摘→分析→概念化とつなげる**体験学習型**が基本となります。発散収束型と同様、ワークショップ全体で回す場合と、各々のセッションのなかで使う場合があります。加えて、**過去未来型**も人間系や複合系でよく使うパターンのひとつです。

これらのパターンは、必ずしもどれかひとつを選ぶのではなく、組み合わせたり、融合させたりすることもできます。複合系をはじめ、数ヶ月かけて何度も話し合うワークショップでは、毎回パターンを変えていくことも珍しくありません。その際は、会話（関係）→対話（方針）→議論（行動）→省察（振り返り）とつなげる**組織変革型**で全体を回すとうまくいきます。

3　多彩なアクティビティを使いこなす

セッションの狙いは、適切なアクティビティを実施することで達成できます。ひとつのセッション（狙い）にひとつのアクティビティを用意するのが基本ですが、複数を並べる場合もあります。使いこなせるアクティビティが少ないと、最適なプログラムがつくることができず、飽きられる恐れもあります。たくさん知っておいて損はありません。

ワークショップで使うアクティビティは山ほどあり、大きく五種類に分けられます。それぞれで二つ三つ覚えておけば、プログラムづくりは一応できるはずです。最低限覚えてほしいものを紹介しますので、そこから始めて少しずつ持ちネタを増やしていきましょう。さらに詳しく知りたい方は拙著『ワークショップ・デザイン』（日本経済新聞出版社）をご覧ください。

場を温めるアクティビティ

ワークショップの冒頭で使うのが、参加者同士の関係性を高めるアクティビティです。冷えて固まった心と体の緊張を解きほぐすことから、**アイスブレイク**と呼ばれています。互いを知り合い、心と体の緊張を和らげ、スムーズにワークショップに入っていけるようにします。簡単なエクササイズを通じて、思考や身体を柔らかくするものもあります。

▽自己紹介

見知らぬ者同士が集まったら自己紹介から始めます。名前や仕事の紹介だけでは愛想がないので、最近のニュース、性格を動物にたとえる、小さい頃熱中したこと、一〇万円もらったら、私の取説など、得意のネタを用意しておきましょう。見知った者同士でも、今の気分や今日の期待などを、全員が一言ずつ三〇秒程度で述べる「チェックイン」を忘れないように。

▽クイズ

参加者の知識を問うクイズを個人もしくはグループで答えてもらいます。問題は、易しいものから難しいものへ、一般的な話題からワークショップのテーマへと、さりげなく誘導していくようにします。答え方も、○×方式、選択型、テスト形式、穴埋め問題、現物を見せて当てさせるなど、いろいろあります。場を盛り上げるにはもってこいのアクティビティです。

▽グループ分け

メンバーをグループに分けるのもアイスブレイクとして使えます。誕生月日順、名前の五十音順、会場までの距離順などで全員が並び、頭から番号を振ってグループ分けするのが「ラインナップ」です。同じような興味を持った人同士で自主的にグループをつくる「マグネットテーブル」という方法もあります。できたグループに名前をつけると結束が高まります。

▽バズ

近くにいる二（三）人でペアをつくって、一〜二分間おしゃべりをするシンプルなアクティビティです。アイスブレイクとして使うのはもちろん、講義などの一方通行の時間が長引いたときに、「感じたことを分かち合ってみてください」とやると、緊張や疲れがほぐれます。グループで話し合う時間がないときに、ちょっとした意見交換としても使えます。

▽その他

どんな人が来ているかを把握する「人間マップ」、ペアを次々と交代しながら共通点を見つけ合う「共通点探し」などは、大人数のワークショップのアイスブレイクに向いています。ファシリテーターからの質問に挙手などで答えてもらう「会場アンケート」も同様です。自己紹介のアクティビティは長くなると飽きてくるので、一旦紙に書き出したものを見せながらやる「フリップスピーチ」や、現物や写真を用いる「ショー&テル」も覚えておくと便利です。

資源を引き出すアクティビティ

ワークショップで欠かせないのが、テーマに関わる過去の体験や自分の思いなど、各々が持っている資源を引き出すアクティビティです。そうやって、ワークショップという鍋に入れる素材を集めるのです。資源が少なければ、現場に行って実際に体験をする、ゲームなどで疑似体験をする、講義を通じて知識や情報をインプットする、といった方法が取られます。

▽ペアインタビュー

二人ペアになって、与えられた質問に沿って片方が尋ね、もう片方がそれに答えていきます。聞き手と話し手を交互にやるので、安心して話せ、豊かな物語（ストーリー）を共に味わうことができます。聞いた内容を他のメンバーに伝えれば「他己紹介」になり、互いの最高の体験を語り合うと「ハイポイント（ヒーロー）インタビュー」となります。

▽ロールプレイ

役割（役者）を決めて課題について話し合います。主張すべき意見、考え方、性格などを書いた役割シートを渡して演じてもらう場合もあります。あたかもその人になったような体験ができ、演技に熱が入ると、意外な一面を発見することもあります。ロールプレイが終わった後、自分や相手に対して感じたことなどを振り返り、気づきを深めていきます。

▽ケーススタディ（事例研究）

実際に起こった事例（ケース）を文章や映像で提示し、問題点や解決策を個人またはグループで検討して発表し合います。そこから問題解決に役立つ原理や原則を、全員で導き出していきます。「ハーバード式（ケース・メソッド）」や「インシデント・プロセス」など、事例の設定の仕方や事前の情報の与え方によって、いくつかのやり方が知られています。

▽フィールド調査

問題が起こっている場所やテーマに関わりの深い場所に行って、自分の目と足で情報を集めるのが「フィールド調査」です。観察して調査するだけではなく、現場にいる方々に「インタビュー」をすると、情報量はさらに高まります。マーケティング活動で用いられる「ユーザー観察」や、地域の合意形成のワークショップで使われる「まち歩き」はその代表例です。

▽フィッシュボウル

金魚鉢という意味で、対話するグループを外から観察することからこう呼ばれています。二つのグループで、交互に相手の対話を聴き合うのが「リフレクションチーム」。テーマに関して知識や経験のある数名が対話するのを、聴衆が取り囲んで聴くのが「インスピレーショントーク」です。いずれも、「話す」「聴く」を別々にやることで、互いの対話が深められます。

▽コンセンサスゲーム

選択肢から正解を選んだり、優先順位をつけたり（ランキング）するゲームを、個人で考えてからグループとしての合意ができるまで議論をします。互いの考え方の違いを学ぶと同時に、合意形成のトレーニングになります。「人生で大切なものは何か？」「これからの日本に求められるもの」といった、価値観がぶつかり合う問題にすると議論が白熱します。

▽タイムライン

過去（数十年前）から現在まで、どんな出来事が起こったか、個人・組織・社会などに分けて、みんなで年表をつくってトレンドやパターンを探します。あるいは、今までの人生の浮き沈みをグラフ（曲線）で表現をして、何があったのかを語りながら振り返ります。同様なものに、自分達に影響のある要因を洗い出す「コンテクストマップ」があります。

▽その他

今の思いに合った写真や形容詞カードを使って説明する「フォトランゲージ」は、言葉ではうまく表せないときに役立ちます。同様に、粘土やレゴブロックなどを使って、造形を通じて思いを表現するやり方もあります。身体を使って協力し合うような「体験学習ゲーム」をやると、共通の体験をもとにして考え方や感じ方の違いを知ることができます。

話し合うアクティビティ

話し合いのやり方を変えれば、引き出される資源と相互作用の質が変わってきます。自由に考えを広げていく、テーマに対する深い洞察を導き出す、多様な視点から考えを深めていくなど、さまざまな技法があります。これらを組み合わせて総合的なワークショップとして開発された話し合いの手法もあり、大人数での対話を効果的に進めるのに重宝します。

▽ブレーンストーミング（ブレスト）

互いの連想をつなげ、自由に考えを広げていく手法の代表選手です。自由奔放（一切の聖域や制限はなくどんなアイデアでもＯＫ）、批判厳禁（人のアイデアを批判や評価してはいけません）、結合改善（つけ足したり組み合わせたりして発想を広げていく）、質より量（質の高いアイデアを生むには量を増やすこと）の四つのルールに則ってアイデアを出し合います。

▽ダイアログ

「リーダーにとって大切なことは？」といった探究的なテーマに対して、さまざまな角度から仮説をぶつけ合い、考えを深めるのがダイアログです。良い／悪いといった判断を保留して、新たな問題や仮説を提起する問いを出し合い、新しい発想ができないかを一緒に考えていきます。一人ひとりの考えが一歩進展すればよく、結論を無理にまとめる必要はありません。

▽ディベート

与えられたテーマに対して、賛成派と反対派に分かれてチームをつくり、相手の考えを論破するために、主張・質問・反論を繰り返して議論を深めていきます。これをゲームとしてやるのが「ロールプレイ&ディベートゲーム」であり、異なる立場の考え方が学べます。勝ち負けよりも、議論のプロセスで何を学んだかをしっかり振り返ることが大切です

▽ワールドカフェ

大人数が気楽に真面目に対話をするのに最適な手法です。全体を4〜5人のテーブルに分け、テーブルのメンバーを入れ替えて対話していきます。そうすれば、少人数で密度濃く話しながらも、全体の考えを混ぜ合わせることができます。テーブルに広げた紙に心に残った言葉を各自が落書きをしていき、共通点を刈り取れば全テーブルの話をまとめることもできます。

▽オープンスペース・テクノロジー

大きなテーマを分科会方式で話し合う手法です。各自話したいトピックを出し合い、それぞれに議論する場所と時間を設定します。メンバーは自分の好きなトピックの議論に参加し、途中で移動することも、どれにも参加しないことも可能です。人が動くことでトピック間に連携が生まれます。最後にすべてのトピックの議論の結果を報告して全員で分かち合います。

▽質問会議

ひとりのメンバーが抱える問題に対して、グループの他のメンバーが順繰りに質問をしていきます。一通り質問が終わったら、「本当の問題は何か？」を定義し直し、当人以外で解決策を出し合うのを当事者に聞いてもらいます。意外な質問をされたり、思わぬ解決策を提案されることで思考の幅が広がり、新たな考えが浮かびます。やり方は自由にアレンジ可能です。

▽その他

発言を順番に回す「ストラクチャードラウンド」やツリー状の絵を描きながら話し合う「マインドマップ」は、自由な意見の語り合いに役立ちます。自己開示とフィードバックをし合う「ジョハリの窓」は普段気づかなかった視点に気づかせてくれます。第1章で紹介した集合的対話の手法としては、前記以外に「ＡＩ」や「フューチャーサーチ」などが知られています。

つくり上げるアクティビティ

思いをカタチへと創造していくアクティビティは、ワークショップならではの活動です。言葉でまとめるときは、整理や集約に適した多彩な方法が活用できます。物、ビジュアル、物語などでまとめる**プロトタイピング**（試作）と呼ばれる方法もよく使われます。右脳と左脳の両方を駆使して、テーマにふさわしい創作方法を選ぶようにしましょう。

▽言葉で

言葉や文章でまとめる場合、キャッチフレーズ（コピー）、標語、俳句、川柳、ポエム、ルール、問い、漢字一文字、定義にするなど、多彩な方法が選べます。表現の仕方を工夫することで、まとめ作業が盛り上がります。紙の大きさ・種類・形、筆記具の種類、文字数、提出する短文の数などを使って、まとめ方を上手にコントロールするとよいでしょう。

▽図解（チャート）で

図解を使えば、分かりやすく意見がまとめられます。主従関係を扱う「ロジックツリー」、包含関係を扱う「集合図」、因果関係を扱う「プロセスマップ」、相関関係を扱う「ペイオフマトリクス」などが代表的なツールです。それぞれにたくさんのバリエーションがあり、興味ある方は拙著『ビジュアル　ビジネス・フレームワーク』（日経文庫）をご覧ください。

▽カードで

「親和図法」は、誰もが参加できて達成感のある定番の技法です。各自の意見をカード（付箋）に書き出し、似たようなものをグループ化して、まとめのメッセージをつけます。次に、メッセージ同士を見比べ、同様のまとめ作業を繰り返し、三〜五つの大きなグループに集約していきます。最後に、グループ同士の関係を考えた上で、全体をひとつの文章にまとめます。

▽試作品で

アイデアをカタチにすれば良し悪しが一目で分かります。商品の企画なら、アイデアを紙細工やレゴブロックで表したり、パンフレット、ポスター、ちらしなどの宣伝物としてまとめます。組織の話なら、未来の姿を新聞記事やＴＶニュースとしてまとめます。他にも、絵（ビジュアル）、マップ、メタファ（比喩）で表現するなど、多彩なまとめ方ができます。

▽その他

アピールする力が強いのが「ストーリー（物語）」です。言葉で物語をつくるだけではなく、絵で表現する「紙芝居（ストーリーボード）」、体を使って表す「演劇」や「人間彫刻」、音楽を使った「ドラムサークル」などの方法があります。それらを「ビデオ（動画）」作品としてまとめることもできます。制作する過程で議論が活性化して、考えを深めるのに貢献します。

分かち合うアクティビティ

協働作業でつくり上げた成果は、参加者全員で**シェア**（分かち合い）をしたいもの。順番に発表して終わりでは味気なく、やり方を工夫すれば相互作用の質が変わります。成果を讃え合うだけではなく、建設的な批評をし合うことも大切です。そして、最後に忘れてはいけないのが、ワークショップのなかで得た気づきを分かち合い、次の活動につなげる振り返りです。

▽ギャラリーウォーク

一般的なプレゼンでは、個人やグループ毎に順番に発表していきます。それに対して、各々のグループの成果を壁に貼り出し、みんなで眺めて回り、分かれて対話するのがこの方法です。他にも、一グループずつ順繰りに他のグループの成果を眺めて回る「回遊型」や、予選と本選といった具合に「プレゼン合戦」をしていくなど、いろんなシェアの方法があります。

▽ドット投票

投票を通じてみんなの気持ちを表すアクティビティです。ひとり何票を持たせるのか、重みづけをするのか（例：最優秀、優秀、次点）、評価項目を設定するのか（例：新規性、効果性、実現性）など、状況に応じてルールをアレンジします。成果物にシールや付箋を貼りつけるのが一般的ですが、手を挙げる、拍手の大きさで表す、といった手段も使えます。

▽チェックアウト

ワークショップが終わって感じたことや、今の心境を全員に一言ずつ短く語ってもらう、最も手軽な振り返りのアクティビティです。「今、どういう気持ちですか？」「どれくらい満足できましたか?」「何に気づき(感じ、学び)ましたか?」「一番印象に残ったことは?」「今日の気づきをどう活かしますか?」といった軽いテーマがチェックアウトに向きます。

▽KPT

うまくいったこと(Keep→続ける)、うまくいかなかったこと(Problem→変える)、まだやっていないこと(Try→挑戦する)の三つの切り口で活動を振り返るアクティビティです。「なぜうまくいかなかったのか?」と原因や責任を探究しない分、ポジティブに振り返りができます。他にも「プラスとデルタ」「PMI」などたくさんの振り返りのフレームワークがあります。

▽その他

建設的な批評をし合う方法としては、わざと相手をこき下ろす「悪魔の批評者」、掲示された成果物にコメントを貼りつける「付箋でコメント」などがあります。振り返りをきっちりやるには体験学習のサイクルをもとにした「振り返りシート」があると重宝します。「友人への手紙」「落書きボード」「ワークショップ通信」といったツールを活用するのも手です。

4　思考を深める問いを立てる

テーマを問いで表現する

アクティビティが一通りそろったら、個々の活動の対象となるテーマを決めなければなりません。話し合うアクティビティをするにも、お題がないと困ってしまいます。

だからといって、「組織の活性化について話をしてください」では、組織が抱える問題、活性化した姿、元気づけの対策など、いろんな話題が飛び出して噛み合わなくなります。焦点がぼやけてしまい、話が深まっていかず、話そうという気持ちが失せてしまいます。

テーマは具体的かつ心に響くように伝える必要があります。そのための一番の方法が**問い**（質問文）で表現することです（図表3－3）。「組織活性化のために、私たちが明日からできることは何でしょうか？」といったように。そうすれば、求められているものが明確になり、対話への意欲も高まります。主催者の意図と参加者の思いがずれることも少なくなります。

問いはプログラムの重要な要素です。その場で適当に決めるのではなく、プログラムづくり

図表 3-3　問いを提示する

のときに検討しておかねばなりません。極端に言えば、何もアクティビティを用意しなくても、問いがあればワークショップは成立します。初心者はアクティビティに関心がいきがちですが、ベテランになるほど問いに注力するようになります。

問いをつくるもとになるのが、各セッションの狙いです。問題共有のセッションでは「○○について、私たちが抱える最も重要な問題は何か？」といったように、セッションの狙いを問いに展開していきます（ひとつのセッションで複数の問いを順番に出す場合もあります）。

つまり、起承転結型や問題解決型といったプログラムの基本型を選んだ時点で、大まかに問いの流れができていることになります。問いがうまくできないとしたら、セッションの流れそのものが悪いか、各セッションの狙いや意図が整理できていない可能性があります。

五種類の問いを使い分ける

ここからは一般的な問いのつくり方を解説していきます。プログラム・デザインに限らず、場に介入（第4章）するときにも使えますので、必ずマスターしてほしいところです。

問いづくりで一番重要なのが、何について話し合うのか、焦点を明確にすることです。「仕事はどうですか？」といったアバウトな質問だと、何を問われているのか分からなくなり、単なるおしゃべりになりかねません。以下の五つのどれかに焦点を絞るようにしましょう。

①事実・経験を問う

各々がつかんでいる事実、情報、知識を集めたり、過去の出来事から経験を呼び起こしたりする問いです。状況や資源を把握するときに使います。

- ●テーマについて何を知っていますか？　現場で何が起こっていますか？
- ●一番心に残った経験は何ですか？　テーマについて過去に考えたことは？

②印象・感情を問う

印象、感情、感動、直観、心情、共感、イメージ、期待、願望など、心理的な内容を問う質問です。後の活動の大きなヒントが隠れていることが多い大切な問いです。

●テーマを聞いてどう感じましたか？　パッと心に浮かんだことは何ですか？

●最も印象に残ったことは何ですか？　どんなイメージを持っていますか？

③思考・考察を問う

論理的な考察や分析を問う質問で、要点、原因、根拠、理由、前提、目的、手段、意図、仮説などを問いかけます。なかでも重要なのは「なぜ？」です。

●一言でまとめると何ですか？　なぜそう思うのでしょうか？

●その狙いは何ですか？　どういう意図があるのでしょうか？

④価値・信念を問う

思いの裏にある価値観や信念を見つけ出したり、経験から原理、法則、教訓などを導き出したりするときに使います。

●何を大切にしていきますか？　手放せないことは何でしょうか？

●これらから何が言えますか？　学んだ一番の教訓は何でしょうか？

⑤決定・行動を問う

個人や組織としての行動、決定、計画、方策などを問い、決意、本気度合い、やる気を尋ねるときに使います。ワークショップと日常をつなげる役目もします。

●明日から何をしますか？　どのように活かしていきますか？
●取り組むべきことは何？　何に対して心から決意できますか？

五種類の問いの順番は、答えやすさ、すなわち自己開示しやすさの順番にもなっています。話し合いやすい問いから始めて、一ステップずつ問いを深めていくのがセオリーです。

考える前提を明らかにする

「誰の立場で考えるのか？（対象者）」「どこの話なのか？（場面）」「いつの話なのか？（時間）」など、質問の前提が分からないと考えづらくなります。なかでも、主語を、Ｉ（私）、Ｙｏｕ（あなた）、Ｗｅ（我々）のいずれにするかによって、当事者意識が変わってきます。

●わが社は世界において今後五年間に何をすればよいですか？（組織＋世界＋長期）
●私たちは日本のマーケットで来年何をすればよいですか？（チーム＋日本＋中期）
●あなたは自分の担当地域で明日から何をすればよいですか？（個人＋地域＋短期）

加えて、「なぜそれを問うのか？（目的）」を明確にしておかないと、話し合う意味を見失ってしまいます。質問者の意図が分かるような問いにしなければなりません。

- 会社の危機的状況に際して、これから我々は何をすればよいでしょうか？
- 世界ナンバーワンになるために、これから我々は何ができるでしょうか？
- 持続可能な成長に向けて、これから我々は何をすべきでしょうか？

問いかけ方を工夫する

もうひとつ考えてほしいのが問いかけ方、すなわち質問文の言い回しです。ちょっとした表現を変えるだけで、問いの力が驚くほど変わってきます。できあがった問いを読み上げて響きを確認しながら、試行錯誤を繰り返すことが大切です。創造力をかきたて、内省と相互作用を促し、前向きなエネルギーを喚起する**生成的質問**へと練り上げていきましょう。

①記述的な質問を使う

回答の範囲を限定せずに、参加者が自由に答えられるのが記述的な質問（オープンエンド・クエスチョン）です。いわゆる5W1Hの形をとります。

- なぜ我々は幸せになれないのでしょうか？（Why）

- 我々が幸せになれない理由は何でしょうか？（What）
- どのようにすれば幸せになれるでしょうか？（How）

記述的な質問は、相手の主体的な発想を引き出せ、自由に議論を広げたり、深く内省させるのに役に立ちます。一方、下手をすると質問が曖昧になって、焦点がぼやける恐れがあります。この例のように、同じ意味でも5W1Hを変えれば、相手に与える効果が違ってきます。

②定量的な質問を使う

それに対して、回答の範囲を限定して問うのが定量的な質問（クローズド・クエスチョン）です。イエス／ノーを問う、比較・選択を問う、数値を問うの三つの種類があります。

- 我々は以前よりも幸せになったと言えるでしょうか？（イエス／ノー）
- 次の五つのなかで、どれが一番幸せな人生だと思いますか？（比較・選択）
- 我々の幸福度を数字で表すといくらでしょうか？（数値化）

定量的な質問は、漠然と投げかけられるよりも答えやすく、議論の糸口をつくったり、焦点を絞るのに効果があります。その一方で、イエス／ノーで終わってしまうと議論が深まらず、あまり連続して問われると窮屈な感じを与えます。また、記述的な質問と定量的な質問は相互に変換ができるので、思考錯誤する際にいろいろ試してみるとよいでしょう。

③助動詞を使い分ける

「べき論」（Should）になりがちなテーマでは、語尾を Do に変えて現実論に引き戻すようにします。さらに、英語で言うところの助動詞を使い分けると問いのトーンが変わってきます。

- 変革のために、私たちは何ができますか？（Can）
- 変革のために、私たちは何をやりたいと思いますか？（Will）
- 変革のために、私たちは何をやらなければいけませんか？（Must）

④発想を転換させる

思い込みや隠れた前提を打ち破るためには、仮定法、極論、排他的表現を使うのが効果的です。堅い頭を打ち破るのに優れた力を発揮します。

- 仮に（もし）何か手があるとしたら、それは何ですか？（仮定）
- 私たちがやれることは、ひとつもないのでしょうか？（極論）
- 私たちがまだやっていないことは何がありますか？（排他）

⑤思考に圧力をかける

適度な規制、制限、条件などを思考に加えると、考察を深めたり、考え方を広げたりするのに効果があります。

- 今、私たちがやれる最良の行動は何でしょうか？（程度）
- 私たちが今やれることが三つあるとしたら、何でしょうか？（数）
- 今の私たちを何かにたとえるとしたら、何でしょうか？（比喩）

⑥言葉遣いや言い回しを変える

同じ内容でも言葉（単語）を変えれば、問いが喚起するエネルギーが大きく変わります。名詞や動詞を言い換え、修飾語を工夫して、力強い問いを目指します。

- 組織を変えるには、何をすればよいですか？
- 組織に変化を与えるには、どういう行動を起こせばよいですか？
- 組織に革新をもたらすには、どのような一歩を踏み出せばよいですか？

⑦パワーワードを入れる

「本当に」「心から」「最高の」「一番」「世界一」「大胆な」「圧倒的な」「驚愕の」などの、誇張した表現が発想を刺激してくれます。テーマに応じて盛り加減をコントロールしてみましょう。

- 最高の組織へと変わるために、本当に大切なことは何でしょうか？
- 輝かしい未来を勝ち取るために、一番変わらないといけないことは？
- 心から私たちが実現したいと願う組織をつくるための最も重要な挑戦とは？

5　活動を促進する環境をつくりだす

グループサイズを使い分ける

アクティビティとテーマが決まったら、最後はそれを実践するのにふさわしい環境づくりです。まずは、何人でアクティビティに取り組むかを考えます。**グループサイズ**を使い分けることで、次のような効果が期待できます。

①一人

他人に影響されずに自分の意見をまとめたり、じっくりと自分に向き合って内省したりするときに使います。心の内を文章で書き記せば、最もハードルの低い自己開示となります。

②二人

親密な雰囲気で気兼ねなく自己開示ができる上に、相手の話から影響も受け、最小限の相互作用が期待できます。サボる人が出ず、全員がもれなく参加できるのもメリットです。

③三人

二人よりも相互作用が高まり、多様な意見をまとめるという、グループらしい雰囲気が現れ始めます。妥協や取引が起こりにくく、尖ったアイデアが丸くならなくてすみます。

④五人前後

全員が親密に参加できるギリギリの人数で、多様性とまとめやすさのバランス点となります。これを超えると手抜きする人が出たり、タテマエの意見を出す人が現れやすくなります。

⑤参加者全員

振り返りや分かち合いを通して、チームの一体感を育むにはやはり全員参加です。反面、**集団圧力**が強いため自己開示がしにくく、どうしても参加度合いに大きな差が出てしまいます。

グループサイズは積極的に変えたほうが、ワークショップが単調にならずにすみます。グループサイズが大きくなればなるほど、ホンネが出しにくくなり、参加度も下がります。なので、集団圧力の小さいグループから始めて、徐々にサイズを上げていくのが常套手段です。

グループをつくる二つの方法

グループサイズの使い分けをするには、チームを複数のグループに分ける作業が必要です。

方法は大きく二通りあります。

ひとつは、多様性のあるメンバーでグループを構成する方法です。年齢、性別、経験、役職などの属性が偏らないようにしたり、異なる利害関係や主張の人が混じるようにします。そうすれば、互いの違いを理解し合い、創造的な成果や合意ができることが期待できます。

あらかじめ参加者を振り分けておくのが面倒なら、「ラインナップ」などを使ってランダムに分ければ、自然と多様な人が混じるようになります。これなら、意図的に仕込んだという疑念を持たれずにすみます。

逆に、同質な人同士でグループをつくるときがあります。テーマ別もしくは利害関係者別に分かれて密度の高い議論をしたいときです。そのために活用できる、グループ分けの方法のひとつが「マグネットテーブル」です。

どちらを使うかはプログラム次第。最初は多様性グループで大筋の方向性を合わせてから、同質性グループで深く検討する、といったように取り交ぜて使うのもよいでしょう。

いずれの方法を用いても、盛り上がるグループとそうでないグループが必ず出てしまいます（「二－六－二の法則」が働き、二割は好調、六割は普通、二割は低調に）。事前の設計は重要ですが、完全にコントロールできるものでもなく、仕込みすぎると不興を買いかねません。バランスに配慮するのは大切ですが、起こることに委ねるのもひとつの方法です。

レイアウトのパターンを使い分ける

グループサイズが決まったら、机・椅子などの配置や空間のレイアウトを考えます。それによって参加者の振る舞いがデザインできます（図表3－4）。

①教室（スクール）型

ワークショップに不向きだと思われるかもしれませんが、プログラムとして講義をはさむ場合や、いきなりくだけた雰囲気では戸惑う場合に使います。隣の人同士で「バズ」をしたり、奇数列の人に後ろを向いてもらい即席のグループをつくる、といったアレンジもできます。

②コの字型

真ん中が空いているせいで相互作用が活発にならず、これもワークショップ向きではありません。逆手に取り、十数人が冷静にそれぞれの立場から議論するときに使うとよいでしょう。これ以上人数が多いと、互いの距離が遠くなりすぎるので、コの字を二重にして対処します。

③扇（劇場・シアター）型

大人数がワンテーマで一堂に会して話し合うのに適したレイアウトです。全員の意識が扇の要の一点に集まり、ファシリテーターが舵取りしやすい配置でもあります。机がなく互いの距離が近いので「バズ」もしやすく、オープニングやクロージングに向いています。

④島（アイランド）型

グループワークに適した王道のレイアウトです。一グループ五人前後が適当で、なるべく互いの距離が近くなるよう、机の面積は小さめにします。第2章で紹介した「えんたくん」を使うと和気あいあいのムードとなります。島を扇型に並べれば、全体討議もしやすくなります。

⑤ラウンドテーブル型

机を寄せて大きなテーブルをつくり、全員で取り囲んで座ります。コの字型よりも互いの距離が近くなり、序列もできにくいため、活気ある話し合いができます。テーブルを使った協働作業もしやすく、ワークショップに向いたレイアウトのひとつです。

⑥サークル（キャンプファイヤー）型

参加者全員が円形に椅子を並べて話し合う形で、オープニングやクロージングでよく使います。皆が平等に話し合え、全員の表情が見えるので、一体感も生まれやすくなります。ただし、緊張する人もいるので注意が必要です。人数が多い場合は同心円にして対処します。

⑦バズ型

近くにいる数人が椅子を寄せ合い、膝をつきあわせて話し合うレイアウトです。参加者同士の交流を深めたり、意見交換をするのに適しています。二人、四人、八人…といったようにグループサイズが自由に選べ、他のレイアウトからすぐに変更できるのも有難いです。

⑧自由型

特にレイアウトを決めずに、椅子を何となく寄せ集めて語り合うレイアウトです。サークル型よりも抵抗感が少なく、グループサイズも自由自在です。炉端に集まって話をしているようなアットホームな雰囲気になり、床に直に座るとさらに効果が高まります。

実際にはこれらを、人数やアクティビティに応じて使い分けたり、複数を組み合わせたりします。これも、最初から最後まで同じレイアウトで通すのではなく、場に動きを出すため、進展に応じて積極的に変えていくとよいでしょう。

たとえば、教室型で始めて横の人とペアで活動を。次に、島型にしてグループで対話を重ね、扇型で順番にグループ発表。最後は、サークル型で活動を振り返る、といった使い方です。長丁場のときは、こういった場面転換をプログラムに組み込んでおくと、集中力が持続しやすくなります。みんなの協働作業として場面転換をすれば、チームづくりにも寄与します。

図表3-4　空間レイアウトの例

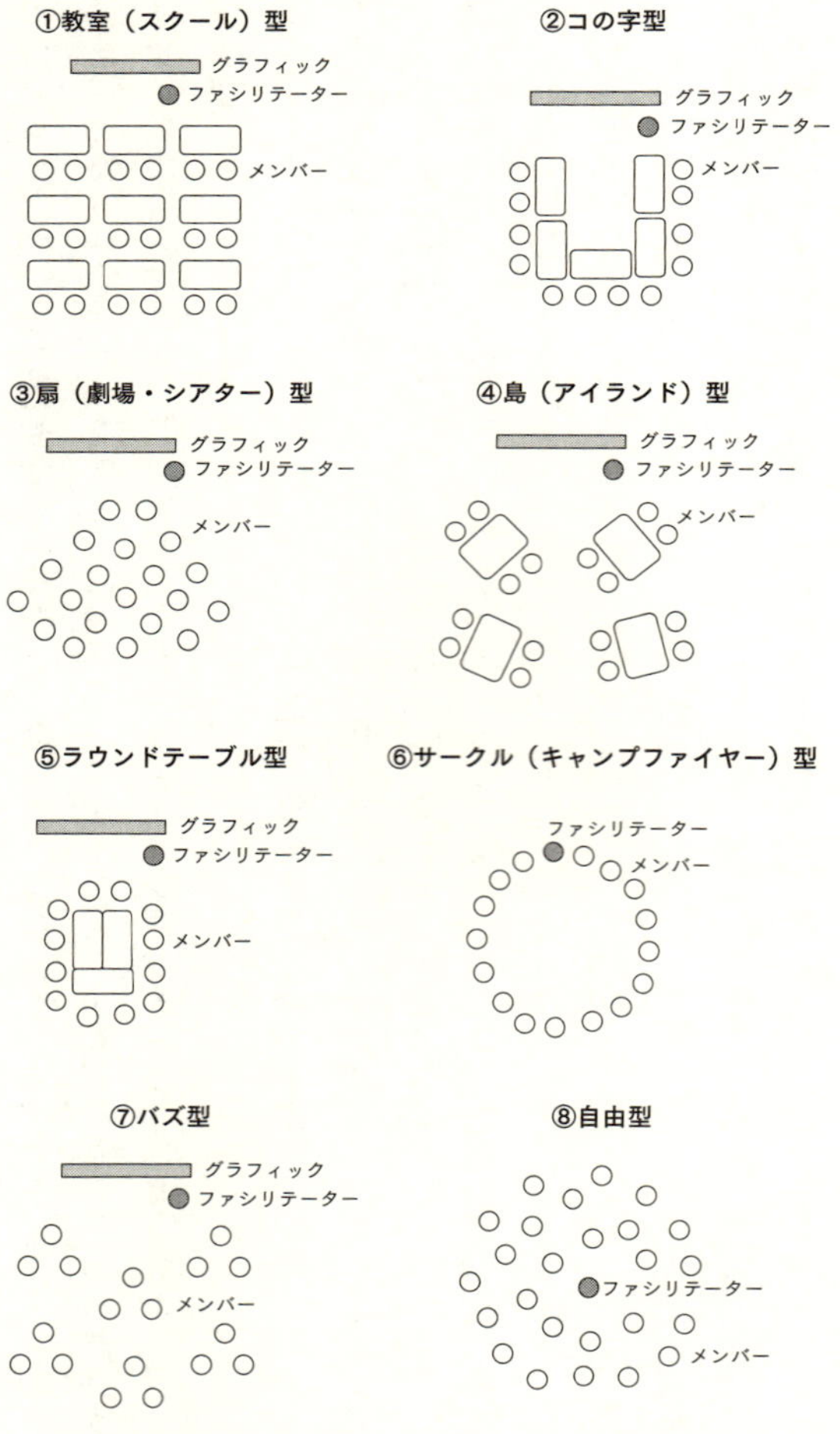

▶これらにグループサイズを組み合わせて最適な形を目指します。

6　プログラムを練り上げ準備を進める

プログラムシートにまとめて眺める

こうやってつくったプログラムは、最終的に**プログラムシート**にまとめていきます（第5章参照）。こうしておけばプログラム全体が一覧できて、ワークショップの流れや時間配分がチェックしやすくなります。大人数でプログラムをつくったり、他人にプログラムを説明する際にも役に立ちます。

一通りできあがったら、全体のバランスを点検してみましょう。よくある失敗を紹介しておきます。

一番多いのが**つめ込みすぎ**です。やりたいことを山ほど入れ込んだ結果、どう考えても時間内に終われそうにないプログラムです。それを、分刻みの時間管理で強引に進めようとしてしまうのです。

プログラムは余白を残しておくことが大切です。やりきれないと思ったら、少しずつ時間を切りつめるのではなく、バッサリといくつか落とすのが正解。あれこれ中途半端にやるより、大事なことに集中したほうが、成果も満足度も高まります。

次に多いのが**意味不明**なプログラムです。各セッションの狙いがあいまいで、なぜそのアクティビティが必要なのかが分からない。全体がうまくつながっておらず、途中で飛躍があったり、同様の作業を繰り返したりが見られる、といったものです。

アクティビティから先につくると、こうなりがちです。誰もが分かる自然な流れになるよう、もう一度全体のストーリーを組み直す必要があります。

さらに、面白みに欠ける**予定調和**のプログラムになっていることもよくあります。体験的な要素もなければ、相互作用を活かせるところもなく、単なる会議や講義の延長になっているケースです。

ましてや、落としどころが決まっていて、そこに向けてつくってあるのは最悪です。成果ばかり追い求めず、緩急をつけたり、遊び心を活かしたりして、参加して楽しいプログラムになるように工夫を凝らしましょう。

改善サイクルを回せるようにする

プログラムの事前チェックには、経験から培われた想像力が欠かせません。参加者の気分になって、活動している様子をイメージしてみるのが一番の方法です。

とはいえ、想像するのにも限界があります。結局のところやってみなければ分からないのがワークショップです。

大抵は、予期せぬトラブルの発生、独りよがりなプログラムの押しつけ、操作的なアクティビティ、尻切れトンボなどが露呈して、不具合が浮き彫りになります。その場で帳尻を合わせられるベテランでない限り、一発で完璧なプログラムに仕上げるのは至難の技だと言わざるをえません。

ある意味では、一回やってからが本当のプログラム・デザインであり、完成度を上げるためのつ**くりこみ**の作業が重要です。最初に設計したプログラムは、いわばたたき台です。**PDCA**サイクルを何度も回しながら、プログラムの精度を高めていかなければなりません。

つくり込みに欠かせないのがワークショップ後の振り返りです。主催者サイドで改善点を話し合うのはもちろん、参加者からの感想を集めて、つくり込む際の手掛かりとします。そのために、参加者から率直なフィードバックを集める仕掛けをクロージングの部分に盛り込んでお

図表 3-5　ワークショップの準備物

分類	アイテム	分類	アイテム
機器類	パソコン	文書類	配布資料
	プロジェクタ		掲示物
	スクリーン		参加者名簿
	マイク		アンケート
記録用	ホワイトボード	小道具	名札
	模造紙		班名札
	フリップチャート		時計類
	A3 ～ A4白紙		アラーム類
	付箋（名刺大）		デジカメ（スマホ）
	カラーペン	演出用	お菓子／飲み物
	テープ類		音楽（スピーカー類）
	マグネット		トーキングオブジェクト
	マーキングシール		卓上の演出物

くとよいでしょう。

準備物をぬかりなくそろえる

ワークショップのプログラムづくりは、**準備物**を見積もるところで完結します（図表3－5）。当日のシーンを思い描きながら、ぬかりなく必要なものをそろえるようにしましょう。

なかでも大切なのが**告知資料**です。コンセプトやプログラムの概要を分かりやすく記載し、参加者の心に響く表現を心がけるようにします。さらに、「気軽に真面目に話し合おう！」「研修ではないので、主体的に参加してください」といった、当日の心構えやルールを盛り込んでおくと、参加者のマインドセットに一役買います。

さらに、次のような実務的な項目も案内には必要です。ここまでやってはじめてプログラムが仕上がったといえます。

- 日時、開始／終了時間、場所、交通アクセス
- 食事の案内、宿泊の案内、持参品、服装
- 参集メンバー、定員、事前準備、個人情報取扱注意
- 申込方法、参加費、支払

COLUMN

ワークショップを盛り上げるための方法は？

ここ数年、ゲームを使ったワークショップに人気が集まっています。カードを使って自己開示やアイデア発想を促進するゲーム、体を使って表現力や協働力を高めるゲーム。経営、環境、防災、まちづくり、人権といったリアルな課題をシミュレーションするゲームなど。どれをやっても、話し合いが盛り上がること間違いなしです。

ゲームの良さは誰もが楽しく参加できることです。協働作業を夢中でやりながら競い合っているうちに、チーム力も高まっていきます。しかも、ゲームには現実の出来事を疑似体験させる力があり、普段では味わえない経験ができます。インストラクションさえうまくできれば、ファシリテーターの負担が減らせる点も有難いです。

ただし、勝ち負けにとらわれて、正しい手順から逸脱するなど、ゲームの目的を見失う人も出てきます。事後に体験を学習に結びつけないと、楽しいだけで終わってしまいます。結果ではなくプロセスをしっかりと振り返らなければ、やったかいがありません。盛り上がったときこそ、ファシリテーターの舵取りが重要になってきます。

方法、経理／勤怠処理
●主催、後援、協賛、問合せ先、担当者名
●過去の参加者の声、主催者からのメッセージ　など

加えて、会場の掲示物を用意することを忘れないように。最低でも、ワークショップのタイトル、スケジュール（時間割）、グラウンドルール（後述）くらいは貼り出したいところです。あらかじめつくっておけば、当日あわてなくてすみます。

こういった準備は、意外に手間がかかる上に、細かい気遣いが求められます。それをこなしてくれる裏方の支えなくしてワークショップはできず、まさに主催者側のチーム力が問われるところです。

チームの協力と貢献があってはじめて、ファシリテーターがワークショップの晴れ舞台に立てます。そのことを肝に銘じ、チームへの感謝を忘れないようにしましょう。

第4章

ファシリテーションのスキル

1　先導のスキル（Leading）

何をするのか（What）を伝える

ワークショップや個々のセッションを始めるに当たって大切なのは、これからの流れやムードに参加者全員をしっかりと乗せることです。これがうまくいかないと、参加者の間で不安や混乱が生じてしまい、思うようにワークショップが進められません。

ファシリテーターには、自分の意図を的確に伝える**インストラクション**のスキルが求められます。とりわけ重要なのが説明や指示の手順です。

はじめに伝えるべきは、このワークショップで何を目指すのか、ゴールすなわち目標とする到達点です。ゴールが共有できていないと、参加者の方向性やペースが合わず、主催者と参加者とで期待レベルに差が出る恐れもあります。セッションの狙いのところで説明したように、なるべく具体的に伝えるのがポイントです（F：ファシリテーター、M：メンバー）。

Ｆ：今回のワークショップでは、営業本部の中期ビジョンをつくることを目指します。
Ｆ：このセッションでは、私たちが抱える一番の問題を全員で共有できればＯＫです。
Ｆ：今からの三〇分で業務効率化のアイデアを五〇個ほど集めたいと思います。

イメージがつかみづらいときは、「たとえば…」とサンプルや事例を紹介すると分かりやすくなります。「一〇〇文字程度でまとめる」「一枚の絵で表す」といったようにカタチを提示するのもよい方法です。あわせて、それをいつまでにやるのか、どれくらいの時間でこなすのか、時間のゴールも必ず伝えるようにします。

ゴールは、やや背伸び（ストレッチ）すれば届くくらいの少し高めに設定しておくと、参加者のチャレンジ精神を引き出すことができます。逆にハードルを低めに設定しておくと、安心して活動に取り組め、期待以上の成果が出たときに満足感が高まります。どちらがよいかは一概に言えません。「やりたい人は〇〇まで、自信のない人は△△まで」といったように、段階を分けて設定する方法もあります。

なぜするのか（Why）を伝える

次に、何のためにワークショップやアクティビティをするのか、活動をする理由、意義、目的を明らかにします。人間は意味を求める動物です。やるべきことが理解できても、意味が分からないとやる気が湧いてきません。

F：中期ビジョンがあれば、チームの力を最大限に引き出すことができるからです。
F：問題が共有できていないと、みんなの足並みがそろわなくなってしまうからです。
F：アイデアの母数を増やすことで、できるだけ質を高めていきたいのです。

ここでは、「なぜ、これをやらなければならないのか？」の**必要性**をしっかりと説明することが大切です。さらに、「これをやると、どんなよいことがあるのか？」という**有用性**を、相手に即して説かなければなりません。片方だけでも悪くありませんが、両方がバランスよく伝えられれば、これからの活動の重要さが十分に伝わります。

どうやってするのか（How）を伝える

最後に伝えるのが具体的な段取りや進め方です。「どういう流れでワークショップを進めていくのか？」「どういう手順でアクティビティをするのか？」を、一ステップずつ順番に説明していきます。分かりにくい箇所や言葉は何度も繰り返しながら。

Ｆ：はじめに二人でペアをつくり互いの体験を分かち合います。次に…。

進め方が複雑なときは、説明しながら板書していく、紙芝居のように個々の手順を紙に書いて順番に貼っていく（**ＫＰ法**）、パワーポイントのアニメーションを使う、といった方法を使います。その上で、「よろしいですか？」「分からないところは？」と納得度を確認して、必ず同意をとった上で始めるようにしましょう。

一度にたくさんの段取りを指示されても頭に入りません。先に概略の流れだけ伝えておいて、今から取りかかる作業に絞ります。どうしても多くの指示が必要な場合は、配布資料の用意が欠かせません。ただし、資料が手元にあると説明を聞くのが疎かになります。耳と目のどちらを優先するかによって、配るタイミングが違ってきます。

図表 4-1　ワークショップのルール（例）

●推奨される行動の例

・肩書きを忘れて、互いに対等な立場で議論しよう
・まずは、人の話にじっくりと耳を傾けてみよう
・いいカッコをせずに、素直に弱みを見せてみよう
・思いこみを捨てて、新しい考えを探究していこう
・対立を恐れずに勇気を持って自分の意見を出そう
・みんな一緒に、気楽に、楽しく、真面目にやろう

●忌避される行動の例

・開示された個人的なことは他言しないようにしよう
・結論、他人、自分に対する決め付けはやめよう
・コンパクトに発言をして、語りすぎないようにしよう
・頭ごなしに非難や攻撃せず、建設的な意見を出そう
・自分ができる範囲で参加し、無理強いはやめよう

もうひとつ重要なのは、手本を示す**モデリング**です。何ごとも「百聞は一見にしかず」。目の前でやってみせれば、活動のイメージがつかみやすくなります。特に作業が複雑なアクティビティや、お任せだと時間が延びがちなアクティビティでは、ファシリテーターが要領よくモデリングすることが肝要です。

あわせて、推奨する行動や忌避したい行動があれば、守るべき約束事として伝えておきましょう（図表4－1）。これを**グランドルール**と呼びます。問題行動の予防になり、対処する場合のよりどころとしても使えます。ワークショップ全体で大切にしたい規範や行動などを決めた上で、個々のアクティビティ

でも必要に応じて設定します。できれば、一方的に押しつけるのではなく、みんなの意見を聞いてつくるほうが望ましいです。

さらに、ファシリテーター、アシスタント、ゲスト、オブザーバー、事務局などの、特定の任務を担う人を紹介する場合があります。特に、ワークショップ初体験の人がいる場合は、ファシリテーターの役割を説明して、誤解のないようにしておきます。あくまで伴走者やお手伝い役であり、メンバーが主役であることを伝えるのです。

場のムードをセットする

ワークショップの冒頭で、ファシリテーターがすべきもうひとつ大切なことは、場のムードづくりです。ファシリテーターが場のムードの**ペースセッター**となり、活動にふさわしい雰囲気をつくっていきます。

たとえば、早口で身振り手振りを交えながらハイ・テンションでインストラクションをすれば、つられてメンバーの気持ちも高まってきます。参加者一人ひとりを眺めながらゆっくりと間を置いて話をすれば、じっくりと語り合うムードが生まれます。ファシリテーターの態度や語り方によって場の空気が大きく違ってくるのです。

具体的には、声の大小、トーン、スピード、間のおき方、抑揚など、声が持つ力を活用します。表情や視線（アイコンタクト）といった顔から出るメッセージも重要です。加えて、体格、身振り、手振り、歩き方、態度など、体から発するメッセージも見逃せません。極端な話、その場に立っただけで醸し出される存在感があります（芸能の世界では「華」と呼びます）。そんな**非言語メッセージ**から、親しみやすさや活気が生まれてくるのです。

とはいえ、わざとらしいことをすると余計に微妙な空気になります。自身の持ち味を活かして、自然体でやるのが一番です。あくまでもそれをベースに、ワークショップの内容や参加者に応じて、多少の演出を加えていく程度にしておきましょう。

それも、相手を見ながらやらないといけません。たとえば、ファシリテーターが無理にテンションを上げようとすると、参加者がついてこられずに白けてくることがあります。参加者のペースに合わせながら、少しずつ自分のペースに持っていく**ペース&リード**を心がけます。

とりわけ口火の切り方が重要です。ファシリテーターが発する第一声（こんにちは！）と対する参加者の反応（こんにちは…）。一瞬のやりとりのなかにテンションの違いを読み取り、どうやって自分のペースに持っていくか、作戦を立てることになります。

語りを通じて緊張をほぐす

オープニングの部分で、参加者の緊張をほぐし、興味や関心を引きつけたいところです。アイスブレイク（第3章）をやらなくても、語りを通じて参加者の心をつかむ技があります。芸能の世界で「つかみ」「まくら」と呼ばれているものです。下手な笑いを取る必要はなく（余計に場が凍るのが関の山）、以下を参考に自分なりの得意技を開発してみてください。

F：先週、こういうワークショップを体験しました。それは…（経験）
F：実は、私はワークショップが大の苦手で、先日もこういう失敗を…（自己開示）
F：なぜ、人間はワークショップという方法を生み出したのでしょうか？（発問）
F：アイスブレイクって、会社でやったら、完全に場が凍りますよね？（同意）
F：実は、世のなかのワークショップなんてすべてウソなんです!?（意外性）
F：ワークショップって、気恥ずかしくて嫌なときはありませんか？（共感）
F：ワークショップは中国語で教職員的研究会と呼ぶ。ウソ？　ホント？（クイズ）
F：このなかでワークショップがはじめての方、手を挙げてもらえませんか？（参加）

つかみを取ろうと、長々とファシリテーターが話をすると、かえってアイスをつくってしまいます。できるだけ短時間で終わらせ、参加者が受け身にならないよう、何でもよいから参加者全員にひとこと話をしてもらうようにします。そうすれば参加度が高まると同時に、緊張感をほぐすことができます。

参加者の自己開示を促す

オープニングで重要なのが、ファシリテーターの**自己開示**です。今ここで自分がどのように考え、何を感じているのか。自分自身について気づいていることを、言葉（あるいは態度）で正しくありのままに他人に伝える行為です。オープンにする内容がいろいろあり、自己紹介とあわせてやるのが自然な方法です。

F：今日はうまくいくかどうか、とても不安で仕方がないのです（感情）
F：実は、私は緊張が高まると、とても早口になるのが癖なんです（自己認識）
F：私がなぜワークショップのファシリテーターを始めたかというと…（動機）
F：実は、昨晩家族の間で、○○ということがあったんですが…（経験）

F：私は、どうしても○○をやってみたくて、この集まりを開きました（欲求）

F：今日の皆さんはやる気満々という感じですね。違いますか？（観察結果）

自己開示には**返報性**があります。ファシリテーターが心の扉を開けると、お返しに参加者も開けなければという気持ちになります。相手に自己開示してほしかったら、こちらから進んでオープンにするのがよい方法です。

ワークショップの冒頭で自己開示をすれば、「裏表のない正直な人なんだ」とも思われます。ファシリテーターとメンバーとの信頼関係をつくるのに効果があります。心のなかのものを吐き出すことで、自分の緊張をほぐすのにも一役買ってくれます。

みんながありのままの自分でいられる場をつくるには、まずはファシリテーター自身がありのままでいなければなりません。繕ったり、偽ったりせず、自然体でいることを**自己一致**と呼びます。そんな態度を見せることこそが最高のペースセッティングになります。

2　保持のスキル（Holding）

メンバーに委ねても手綱を離さない

ワークショップが軌道に乗り出せば、場の力を信頼して委ねるのが基本です。といっても、まったく放置するわけではありません。一人ひとりがありのままでいられるよう、場が荒れたり壊れたりしないよう、しっかりと**保持**（ホールド）しておかなければなりません。

そのために重要なのは、みんなの話をしっかりと聴くことです。**傾聴**（アクティブリスニング）と呼ばれる、分析や判断抜きで共感的に受け止める聴き方を心がけます。

誰か受け止めてくれる人がいるからこそ、発言しようという気になります。**心理的安全性**の高い場をつくるためには、積極的に聴く姿勢を手本として見せ、参加者にも傾聴を促していきます。傾聴ができないとしたら、相手に興味・関心がないと言わざるをえません。

グループに分かれて話し合うアクティビティでは、すべての話を聴くわけにはいきません。グループ内の進行役（**テーブルファシリテーター**）に任せざるをえません。

だからといって、全体を司るファシリテーターが休憩や内職を始めてはいけません。遠くから聞こえてくる声に耳を傾け、テーブルを歩き回って聞き耳を立て、できるだけ話を聴くように努めます。参加者は、熱心に話をしながらも、ファシリテーターが聴いているかサボっているか、案外気づいているものです。「せっかくいい話なのに聴いていないのか」「自分達の活動に興味がないんだ」と思われてしまうと、話し合いに熱が入らなくなってしまいます。

「グループ討議の間に次の段取りをしたい」という気持ちは分かります。心配しなくても、一旦議論に火がつけば、多少放置していても気がつかれないはず。そうなってからワークショップの展開に思いをはせるのが賢いやり方です。

ファシリテーターをやっていると、どうしても話しすぎになり、場を支配してしまいがちになります。聴くための最大のコツは黙ることであることを心に刻んでおきましょう。

リアクションが相手を勇気づける

聴いているか聴いていないかは、相手が判断するものです。頑張って傾聴していても、相手に伝わらなければ意味がありません。そのためにファシリテーターは、参加者への**応答**（リアクション）を活用して、しっかりと発言を受け止めたことを伝えるようにします。

まずは**アイコンタクト**です。目力を使って承認と共感の気持ちを伝えます。**うなずき**を加えるとさらにパワーが増します。

会場全体を眺めているときでも、なるべく多くの方と視線を合わせて、軽くうなずくようにします。「こんなのでいい?」「どう、すごくない?」と不安な眼差しを送ってくる人がいたら、アイコンタクトを取って大げさにうなずき、勇気づけてあげましょう。「行きすぎたら止めてくれる」「いざとなれば助けてくれる」という安心感があるからこそ、活動に没入できます。ファシリテーターの温かい眼差しがチームへの励ましとなります。

それに、ファシリテーターは集団を相手にしているだけに、個々のメンバーに対しての関わりが薄くなりがちです。こういったリアクションは少し大げさにやるのがコツです。

ボディーランゲージを使うのも一法です。発言者の側に寄り添って聞き耳を立てたり、体を発言者に向けて両手を広げて全身で受け止める姿勢を見せたり。発言する度に、全員に拍手を促すというのも、ワークショップならではのリアクションです。

共感の気持ちを言葉で伝える

もうひとつ忘れてはいけないのが、言葉によるリアクションです。発言者と会話ができる状況では、**相槌**が威力を発揮します。

はじめに覚えてほしいのが、どんな場合でも使える相槌のフレーズです。「なるほど」「そうなんですね」「さすが」「それもありますね」「知りませんでした」「よく分かりました」「ありがとうございます」といったものです。同じフレーズばかり使っていると、本当に聴いているか疑われます。状況に応じて使い分けられるようになりましょう。

「いいですね」「素晴らしい」「すごい」などの褒めフレーズも悪くないのですが、誘導につながりかねません。褒めるときは、発言の中身ではなく、行為を褒めるのが安全な方法です。

F：さすが。いかにも山田さんらしい意見ですね。
F：なるほど、それはよく思いつきましたね。
F：ありがとうございます。熱のこもった発言でした。

あわせて、相手の言葉や語尾をそのまま繰り返せば、共感の気持ちが伝えられます。いわゆる**復唱**（パラフレーズ）です。もっとよいのは、相手の発言のポイントを**要約**して返すことです。受け止めたことがしっかり伝わり、同時に発言内容の確認もできます。

M：現実的には難しい面がいろいろあると申し上げているわけですよ。
F：そうですか…。いろいろあるんですね。（復唱）
F：ありがとうございます。つまり、実現は困難だとおっしゃりたいのですね。（要約）

その上で、興味を抱いていることを示せば、さらなる発言の促しにもなります。「それで？」「と言うと？」「なぜ？」「たとえば？」「お尋ねしてもいいですか？」といったように。

チームのなかの人間ドラマを読み解く

場を保持するのに欠かせないのが**観察**のスキルです。その話の前に、ファシリテーションの基本概念である、**コンテンツ**と**プロセス**について解説をしておきましょう（図表4－2）。

コンテンツとは、一人ひとりが持つ知識、意見、経験、思いなど、ワークショップの中身に関わる要素を指します。片や、それらをどのように料理していくのか、ワークショップの過程に関わる部分がプロセスです。進め方、コミュニケーション、関係性、感情などがあります。

たとえば、グループワークを始めたところ、ひとつのグループが全然盛り上がらず、誰も積極的に発言しようとしません。テーマに対する知識や興味が乏しく、話すだけの材料を持ち合

図表 4-2　コンテンツとプロセス

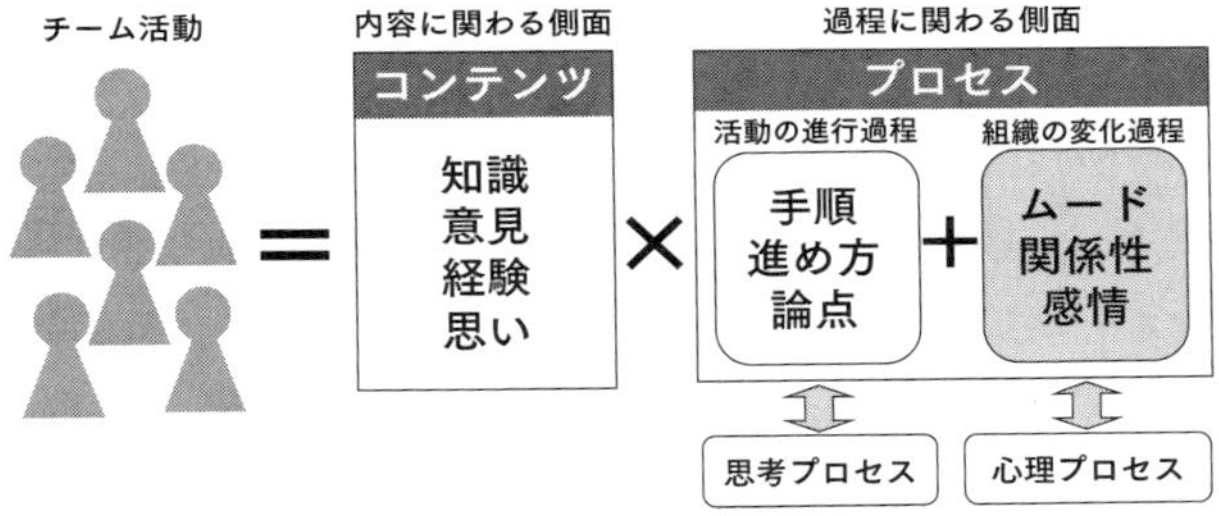

わせていないのでしょうか。あるいは、「この先、どうなるの？」「どこまで言ってよいのかな」と不安を覚えて躊躇しているのかもしれません。「なんか波長が合わないなあ」「恥ずかしい目に遭いたくない」と互いに遠慮や牽制をし合っている可能性もあります。

いずれにせよ、こういった話をストレートに口にする人はいません。一人ひとりの心のなかで何が起こっているのか、チームのなかで何が起こっているか。互いの関係性や相互作用を読み解かないと、本当のところはつかめず、手の打ちようがありません。

ファシリテーターは、話し合いの内容だけではなく、水面下で展開されている人間ドラマを把握する必要があります。プロセス、なかでも組織の変化過程をしっかり観察して、場の状況を常につかんでおかないと、チームの力を最大限に発揮させることができなくなります。

コミュニケーションを観察する

ここからは観察のポイントと進め方を解説します。まずは、ざっくりと全体を見渡してみましょう。今、チームはどんな雰囲気で活動をしているでしょうか。

盛り上がっている（元気）⇕白けている（おとなしい）、真剣⇕不真面目、友好的⇕対立的、明るい（温かい）⇕暗い（冷たい）、緊張している⇕リラックスしている、開放的⇕閉鎖的、モヤモヤ⇕スッキリなど、大まかにつかむところから始めるのが得策です。

それができたら、全員が平等に発言しているかどうかをチェックするようにします。チームの創造性と納得性に影響を与える最重要ポイントとなるからです。

誰の発言が多くて誰が少ないのか、各々が話をしている頻度と長さを把握するようにします。誰から誰への発言が多いのか、相手の発言を遮ったりしていないか、発言がみんなに受け入れられているかも、注目ポイントです。

さらに、もう少し細かくコミュニケーションの取り方を観てみましょう。ちゃんと相手に目と体を向けて話をしているか、どんな口調や表情で話をしているか、どの程度身振り手振りを交えて話をしているかなど。ホンネで（真面目に）言っているのか、タテマエで（いい加減に）言っているのかを見極めるのも大事です。

社会的シグナルに注目する

あわせて見逃せないのが相槌やうなずきといった反応（**社会的シグナル**）です。Aさんが発言するときはBさんと目を合わせない、Cさんの話にだけDさんはうなずく、Eさんがボケると F さんが必ずツッコむといったものです。そこに相互の関係がよく表れているからです。

これらを観ていると、チームのなかでできた役割が見えてきます。誰がリーダーシップを発揮しているか、誰がフォロワーとして追従しているか。誰が課題達成に影響を与えて、誰がチームの雰囲気づくりに貢献しているか、などです。

チーム特有の**パターン**がないかを見つけるのも大切です。思考と行動のどちらが先か、成果と関係性のどちらに重きを置いているか、時間やルールに対してどれくらい厳格なのか、などをチェックします。チームにおける決まりや約束事、話し合いの手順や意思決定の癖、特有の隠れた前提や暗黙の規範も、つかんでおくと役に立ちます。

これらは時間とともに変化することがよくあります。たとえば、最初は白けていたのに、いつの間にか活発に話し合っている。チームのなかで何かが変わったのに違いありません。誰かの発言を契機に大爆笑が起こったり、「やばい！」と緊張が走ったりすることもあります。**ホットスポット**と呼ばれる現象です。一瞬のうちに全員の気持ちがひとつになったのです。なぜそうなったのか、事件に至るプロセスを読み解いてみましょう。

鳥の目と虫の目で観察する

次に、さらに細かく一人ひとりのメンバーの心のなかを読み解くようにします。

たとえば、話のスピードや抑揚から相手の心理状態がある程度つかめます。表情も重要な判断材料です。目が泳いでいたら落ち着いていない、口元が尖がっていたら不平不満を持っている、鼻腔が大きく開いたら興奮していると考えてよいでしょう。態度にも気持ちが表れています。腕組みをしていると自分を守ろうとしており、頬杖をつくのは活動レベルが下がってきた証と言われています。

声の出し方、目線、身の乗り出し方、動作などから、どれくらい活動に参加しているか（没入しているか）が判断できます。話を聴いているようなそぶりを見せていても、視線、うなずき、相槌などから、話し手に対してどう感じているかが分かります。

ときには、体が語っていることと言葉が矛盾している場合があります。**ダブルメッセージ**と呼びます。多くの場合、前者がホンネであり、言葉は平気で嘘をつきます。安易に信用してしまうと、まったくの見当違いをしてしまう恐れがあります。

こんな風に、観察のポイントは**鳥の目**（マクロ）と**虫の目**（ミクロ）を上手に使い分けるところにあります。鳥の目とは、距離的にも場から離れて俯瞰して観ることです。片や虫の目とは、参加者の微妙な仕草や変化に注意を払うことです。

自分の見立てに自信が持てなければ、観察結果をそのまま投げ返し、反応を見てみましょう。「おや、声のトーンが上がりましたよ」「あらあら、微妙な空気になりましたね」「今、大爆笑になったのは何？」といったように。そうやって、トライ&エラーを繰り返していけば、自ずと場を読む力が鍛えられます。

ファシリテーター自身の心のなかを観る

ファシリテーターも場の要素のひとつです。ファシリテーターの心理状態は少なからずチームに影響を与えます。ファシリテーターとチームの間に働く相互作用のせいで、互いの心のなかで起こっていることが**相似形**（フラクタル）になることがあります。

たとえば、活動が思うように進まなくてチームが苦労しているとしましょう。もどかしく思ったファシリテーターがイライラし出すと、その気持ちがチームに伝染してしまいます。下手をすると、あせりに拍車をかけてしまいます。

逆に、「大丈夫」「あせることはない」「きっとうまくいく」と、動じない態度で温かくポジティブに見守れば、チームは安心して取り組めます。とりわけ、発散と収束の間の混沌（うめき）の時間では、落ち着いてドンと構えているファシリテーターがチームの支えになります。

ファシリテーターは、自分自身の心のなかで起こっていることに自覚的にならなければなりません。恐れや不安といった自分の内なる声に気づけば、少しばかり距離が置けるようになります。場をコントロールしようというあせりを手放して、今ここに存在することができます。それがチームによい影響を生み出します。こういった働きを**ホスティングセルフ**と呼びます。

話し合いをグラフィックで可視化する

場をホールドするために、もうひとつやってほしいのが、話し合いの**見える化**です。

ワークショップでは全員が同じ線路に乗って進むからこそ、成果という名の終着駅にたどりつきます。脱線したり、分岐したり、後戻りや先走る人が出ると、活動がかみ合わなくなってしまいます。それを防ぐために欠かせないのが**ファシリテーション・グラフィック**です。対話の内容を、文字や図形を使って、分かりやすく書きとめていく技術です（図表4－3）。

活動の全体像が一目で見渡せれば、話し合いの進み具合が共有でき、一つひとつの発言の位

図表 4-3　ファシリテーション・グラフィック

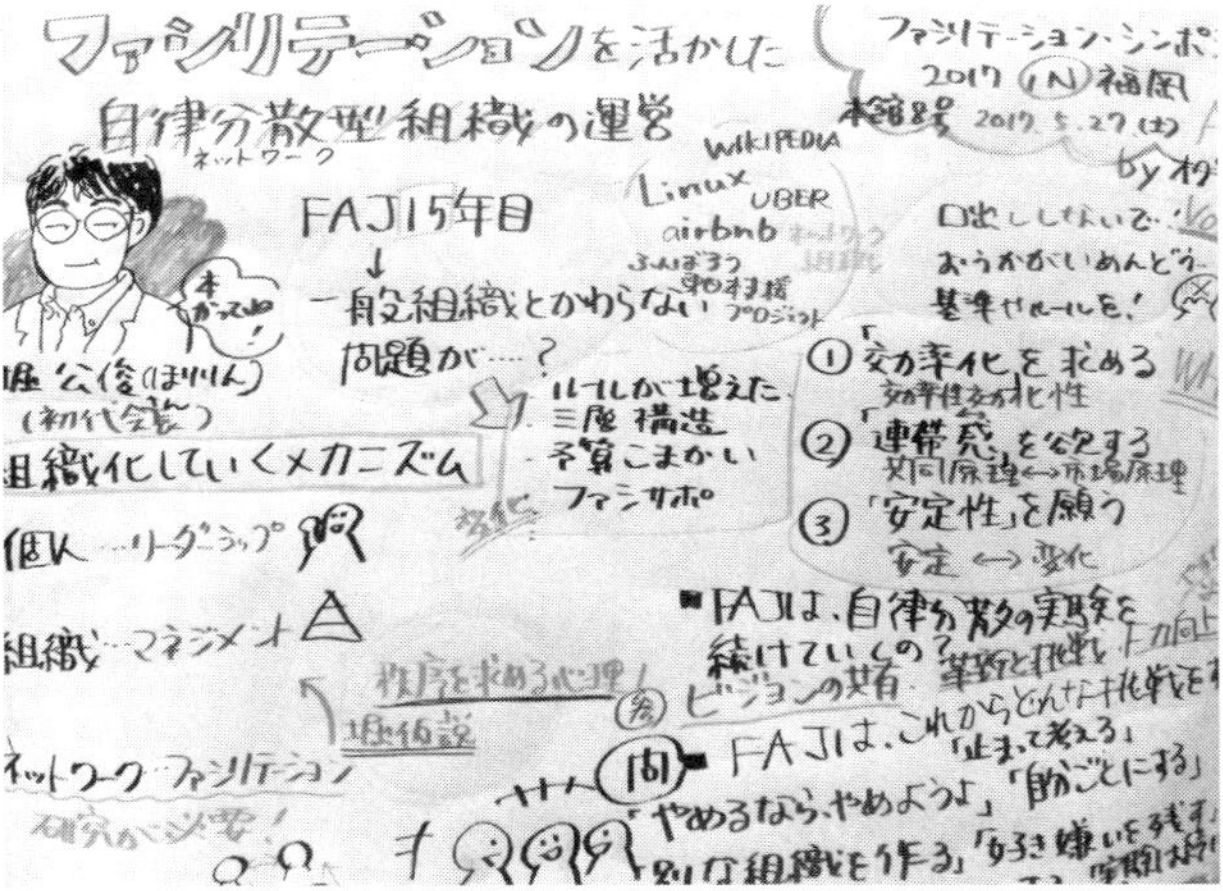

資料提供：小栗由香

置づけや相互の関係も明らかになります。しかも、自然と視線が板書や進行役に集まり、今議論しているポイントにメンバーの意識が集まるようになります。全員が一致団結して課題に取り組もうというムードも培われていきます。

加えて、ファシリテーション・グラフィックには、メンバーの参加を促進するという効果があります。描かれた内容は、誰の意見であろうが、みんなで受け止めたという証になるからです（ただし、アクティビティによっては記録を残さないほうが安心して発言できる場合もあります）。人と意見を切り離し、発言の中身だけを見ることができます。

さらに、ビジュアル情報をふんだんに盛り込んだファシリテーション・グラフィックは、創造力を刺激して議論に広がりと飛躍をもたらしてくれます。目の前でどんどん意見がまとめられていくと、チーム活動に参加した達成感も高まっていきます。

誰が描き手としてふさわしいのか

ファシリテーター自身が進行しながら描いていくのが、ひとつ目のやり方です。進行と記録の両方をやるのは大変ですが、自分が進めやすい構図で整理できるのが利点です。描く内容を確認するなど、メンバーとのやりとりもできます。場をホールドしている人が明確なため、チーム全体の舵取りがしやすくなります。

ただし、発言を逐一拾っていると、どうしても進行が疎かになってしまいます。そうならないよう、丁寧に発言を記録するよりも、全体をザックリと整理するのに重きを置くようにします。構造化のスキルに加え、適度に手を抜く技が求められます。

二つ目に、ファシリテーターとは別に記録を専門にする人（**グラフィッカー**）を立てるやり方があります。**グラフィックレコーディング**とも呼びます。

記録に専念すれば、発言をもらすこともなく、色や絵などのビジュアル要素を盛り込むのも簡単。それを眺めてもらうだけでも話し合いの促進になります。逆に、どうしても描く内容が増えるため、ポイントが分かりづらくなります。ファシリテーターが期待するまとめ方になるとも限りません。そんなときは、ファシリテーターが整理し直すのもひとつの方法です。

三つ目のやり方として、参加者に描いてもらう手があります。たとえば、グループワークのときに、テーブルの上に大きな紙を広げ、全員にペンを配ります。心に残ったキーワードや頭に浮かんだ言葉を、みんなで落書きしていきます。同じ言葉を描いてもよく、全部の発言を拾う必要もありません。言葉と言葉をつないだり、共通点でくくったりするのも自由です。

こうすれば、話し合いの集中力が高まり、記録（作品）としても残ります。いきなり描くのがためらわれるようなら、付箋に意見を書いて整理するやり方もあります。全員の協働作業で意見をまとめることができ、大きな達成感が得られます。

描くことを通じて話し合いを促進する

ファシリテーション・グラフィックは、描くスペースづくりから始まります。演出効果も加味しながら、参加者全員から見えやすい位置を確保します。

短時間のワークショップならホワイトボードが便利です。難点はスペースが足らなくなる恐れがあること。そんなときは、壁一面に模造紙を貼ったり、フリップチャート（A1大の用紙をノート状に綴じたもの）を用いて、十分なスペースを確保します。A3〜A4大の白紙や大判サイズの付箋も、描いて貼っていけばスペースが自由に増やせるという利点があります。

簡単にファシリテーション・グラフィックの描き方を紹介しておきましょう。詳しくは拙著『ファシリテーション・グラフィック』（日本経済新聞出版社）をご覧ください。

①レイアウトを決める

左上から右下へと時系列に描いていく、中心にテーマを置いて四方八方に分類しながら描いていく、紙面をいくつかのブロックに分けて描く、の三通りが代表的な配置の仕方です。

②発言を要約して記録する

なるべく当人が使ったキーワードやキーフレーズを活かして、述語をつけた短い文章の形で発言を記録していきます。内容を的確にまとめるには、言外のメッセージも手掛かりになります。

③装飾でメリハリをつける

重要な発言にマークやアンダーラインをつけたり、キーワードを枠囲みしたりして、どこがポイントかを一目で分かるようにします。要点を別の色で書き足すのもよい方法です。

④要素同士を関係づける

線や矢印を使って、因果、連続性、時間、影響、収束などプロセス（過程）を表現します。同様に、対比、等価、並立、対立、分岐などの関係性も線や囲み図形で表します。

⑤構造化をする

図解などを駆使して項目同士の関係性をさらに分かりやすくします。ツリー型（主従関係）、サークル型（包含関係）、フロー型（因果関係）、マトリクス型（相関関係）など、表したい関係性によって図解を使い分けます。

⑥内容をまとめる

まとめが必要な場合は、類似する内容をグループ化してまとめの言葉をつけます。合意事項やアクションプランなどがあれば書き加え、目立つように強調しておきます。

ワークショップによっては、これだけでは味気ない場合があります。イラストやアイコンで彩りを添えると、活気ある場が演出できます。色使いも大切で、黒一色よりもカラー（三～四色程度）を活用して、ワークショップを盛り上げるようにしましょう。

3 介入のスキル（Adjusting）

プッシュとプルを使い分ける

時にはメンバーに委ねているだけでは立ち行かなくなる事態も起こります。活動を阻害する問題行動、狙いからの逸脱、少数意見の無視、独裁者による支配、活動からの逃避や停滞といった状況です。

自律的な解決が難しいと判断したら、ファシリテーターが活動に割って入らなければなりません。**介入**をして適切な援助を施すことになります。

具体的には、問題に対処する、方向を修正する、仲介をする、不足している資源を与える、といった働きかけです。予定していたプログラムを変更する場合もあります。

介入は、チームが困った状態に陥ったときに使うばかりではありません。主体性や相互作用をさらに高めたい場合にも、発動することがあります。刺激を与える、あおる、対立をつくる（明示する）、観察結果をフィードバックする、沈黙や偏りに対処する、といった働きかけです。こういった介入を通して場を修正するスキルを説明していくことにします。

そもそも、ファシリテーターの働きかけには**プッシュとプル**の二種類があります。

プッシュとは、「ひとり二〇個のアイデアを出しましょう！」「そんな結論で本当によいのですか？」といったように、追い込んだり、競争させたり、挑発させる働きかけです。チームの活動レベルを高め、潜在的な力を引き出すことができます。半面、メンバーに圧力がかかり、主体性が低下する恐れがあります。強すぎると、やらされ感が募る場合もあります。

対するプルは、自然の働きに任せ、触発し、誘発させ、湧き出させるための働きかけです。メンバーの自発的な力を引き出し、相互作用を活発にします。「発言をしたい人はどうぞ」「皆さんで決めたらいいですよ」といったものです。逆効果としては、メンバーによって成果のレベルや時間に差が出てしまいます。あまり続くと不安を覚え、無責任に感じる人もいます。

両者には一長一短があり、適度にバランスさせるのがコツです。たとえば、最初は少し挑発して火をつけ（プッシュ）、エンジンが温まってきたらメンバーに任せ（プル）ます。それで思うように進んでいないなら圧をかける（プッシュ）、といった具合に。

ファシリテーターからの働きかけは、ある意味すべて介入です。軌道修正するには、どうしてもプッシュが多くなりがちです。弱いものから強いものへ、反応を見ながら段階的におこなうのが原則です。やりすぎに気をつけ、介入後はプルに戻すといった配慮も必要となります。

フィードバックの四つの原則

一番ソフトな介入が**フィードバック**です。個人やチームを観察して、感じたことをそのまま伝えるのです。いわば相手の鏡になり、その様子を客観的に描写する行為です。フィードバックを受けてどうするかは相手の判断に委ね、求められない限り評価や助言はおこないません。

そのため、主語は必ず私（I）になります（**Iメッセージ**と呼びます）。YouやWeを使うとフィードバックの域を超えるので注意が必要です。

F：私（I）は、皆さんの活動を見ていて、よいムードだと感じました（フィードバック）

F：あなた方（You）は、もっと楽しく活動に取り組む必要があります（判断）

F：私たち（We）は、ワークショップをもっと楽しむべきでしょう（助言）

フィードバックは、その場その時にするのが理想的です。時間が経てば経つほど、互いの記憶が曖昧になり、フィードバックの効果が薄れてくるからです。相手が受け入れることができるなら、なるべく現場でやるようにしましょう。

ただし、個人に対するネガティブなフィードバックをみんなの前でやると、少なからずその人を傷つける恐れがあります。休憩時間に一対一で伝えるなど、自尊心を傷つけないような気配りが必要になります。

加えて、フィードバックにはいくつかのポイントがあります。

①両者が一致した建設的な目的のためにおこなう

何のためにフィードバックをするのか、目的や狙いを伝え、受け入れる準備が整ったことを確認してから始めます。好意的な話を伝えるところから始めるのが好ましく、かといって否定的な話を躊躇する必要はありません。

②相手の態度・行動についてのみ伝える

人格、性格、考え方、価値といった相手の深層部分については触れないように。態度や行動など表に出た部分だけをフィードバックします。

③自分の観察・印象・判断のみを伝える

あくまでも個人としての観察結果であり、他の人や世間（常識）を持ち出す必要はありません。しかも、評価、非難、攻撃、強制をせず、感じたことだけを伝えます。

④具体的かつ明確に描写する

「不満そうだった」などとザックリとした話を伝えられても、どう受け取ってよいか分かりません。「腕を組んで下を向いていた時間が長かった」といったように、行為を特定して一般化しないことが大切です。

今ここで起こったことを指摘する

先ほど、場をホールドするには観察が大事だという話をしました。読み取った材料を、相手と分かち合うと、話し合いが促進されます。「自覚を促す」と呼ばれる行為です。指摘されるだけで行動が変わる可能性もあります。

一番簡単なのは、観察した**客観的事実**、すなわち表情や態度などをそのままフィードバックするやり方です。見解の相違が生まれない安全な方法です。

F：山田さん、ずっと腕を組んでいますが、何かあるのですか？

F：先ほどから同じ人ばかり話をしているように感じるのですが…

相手の心のなかで起こったことも、本人にとっては事実（**心理的事実**）です。ズバリ指摘して、心の声を表に引っ張り出せば、みんなで扱うことができます。一方、見立て違いになったり、相手が気分を害する恐れがあり、言い方を考えて慎重にやらなければいけません。

F：あれ、今の発言で、山田さんは目を伏せちゃいましたね。都合が悪いのかな？
F：おや、皆さんちょっと戸惑っておられますね。やり方を変えてほしいのかな？

うまく読み解けないときは、相手に尋ねるのが一番。これも場を促進する効果があります。

F：「言いたくても言えない」という空気を感じるのですが、違いますか？
F：先ほどから妙な雰囲気なのですが、何かマズイことでもありますか？

こういった働きを**リフレクション・イン・アクション**と呼びます。終わってから振り返るのでは遅く、やりながら振り返るのです。途中で振り返りのアクティビティを入れるのも、軌道修正に気づくためのよい方法です。「後半戦に向けて軽い振り返りをしませんか」「ここまでの感想を聴かせてもらえませんか」といった軽い感じでやるとよいでしょう。

考えを深めるための質問

フィードバックでは心もとないときに使うのが**質問**（問いかけ）です。こちらの考えを間接的に伝えつつ、相手に内省させて、新たな思考を引き出すことができます。観察と並ぶファシリテーターの必修スキルのひとつです。

すでに第3章で質問の大まかなつくり方を紹介しました。ここでは、介入時によく使う質問法に絞って解説していきます。

まずは思考を深めるための問いかけから。考えが浅かったり、深く考えずに安易に結論づけようとしているときに用います。思考の**筋道**を点検して、より妥当な考えに導くための質問です（図表4−4）。

F：なぜ、そう思うのですか？（理由）　だから、何だと言うのでしょうか？（結論）
F：たとえば、どうするのですか？（具体化）　つまり、何がしたいのですか？（抽象化）
F：そもそも、何のためにやるのですか？（目的）　どうやってやるのでしょうか？（手段）

図表4-4　思考の筋道を確かめる

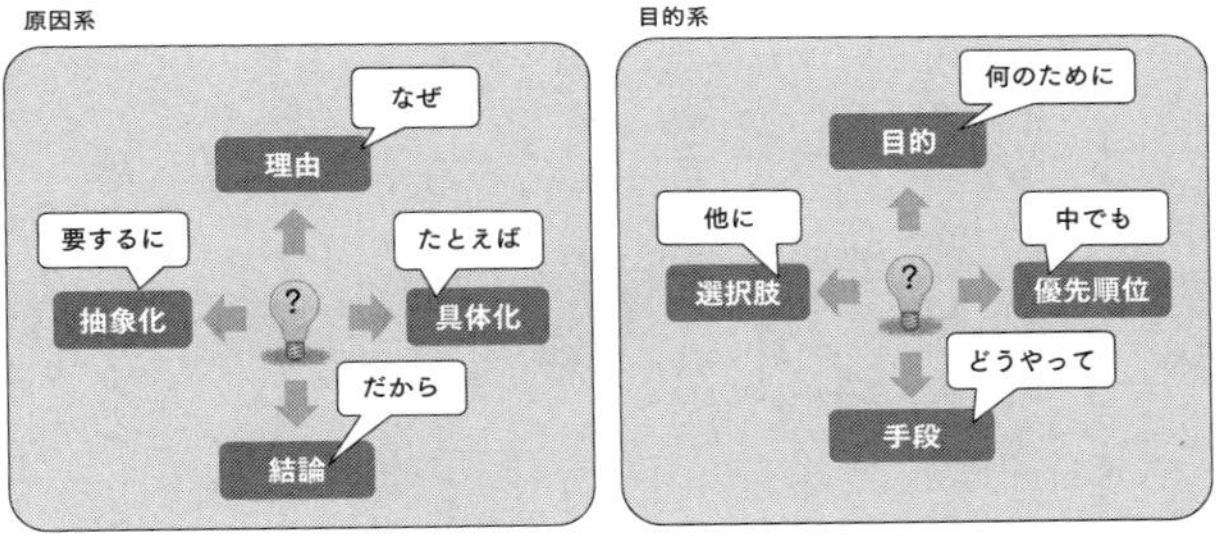

F：他にどんなものがありますか？（選択肢）なかでもどれがお勧めですか？（優先順位）

話の**前提**や**文脈**を明らかにすると、意味がハッキリしてきます。噛み合わない議論や堂々巡りの議論をしているときに力を発揮します。

F：どんな場面をイメージして話をされているのでしょうか？（状況）

F：○○という言葉は、どういう意味で使っていますか？（定義）

F：今、何について話をしているか、認識は一致していますか？（論点）

「どこかおかしい」と思っても、的確に質問できない場合があります。そんなときは、疑問を投げかけ、相手の**自信**を試すだけでも効果があります。確信を持って尋ねられると、相手のほうが不安になって考えてくれるからです。

F：本当にそれで大丈夫ですか？　他には考えられないんですね？（疑問）

F：仮に、不十分なところがあるとしたら、どこだと思いますか？（仮定）

F：あえて、自信がないところを挙げるとしたら、どこですか？（強制）

思い込みを打ち破るための質問

考えが深まらない原因のひとつは、自分では気づかない思考の壁にぶち当たっているからです。個人や組織が持っている考え方の枠組みを**メンタルモデル**と呼びます。正しいと信じて疑わない信念、常識、価値などです。

メンタルモデルは誰にでもあります。その人（組織）らしさをつくるもとになるもので、それ自体は決して悪いものではありません。悪いのは、**固定観念**にとらわれてしまって、融通が利かなくなることです。そうなると、ワンパターンの考えから抜け出せず、ジレンマも解消できません。

そんなときに使いたいのが、新しい視点に気づかせる質問です。時間、空間、人間、目的などを変えて考えるよう促します。

F：そんな近視眼的な視点ではなく、長い目で見たらどうなりますか？（時間）
F：日本のマーケットだけ考えず、グローバルな視点では何が言えますか？（空間）
F：顧客にとっては良くても、ライバルから見たらどうでしょうか？（人間）
F：業績は上がるかもしれませんが、会社の理念に合っているのでしょうか？（目的）

信念は「ねばならない」「べきである」「違いない」という形で表されます。こういったものが、いつも一〇〇％正しいことはありえません。原則はそうでも、状況に応じて柔軟に適用するのが合理的です。批判的に考えることで**非合理な信念**を見直す余地が出てきます。

F：それは事実に基づいた、合理的な考え方だと言えるのでしょうか？（論理性）
F：いついかなる場合も一〇〇％そうすべきで、一ミリも譲れませんか？（硬直性）
F：それを永遠に貫き通すことなんて、現実的に可能なのでしょうか？（実現性）

F：そこにこだわり続けることが、私たちの何の得になるのでしょうか？（効果性）

新たな視点から考えさせる質問

思い込みが強い人は、「○○だから△△だ」と直線的な因果関係を考えがちです。ところが、多くの事柄では原因と結果が複雑にからみ合っています。両者で悪循環を形づくっているケースも少なくありません。それらに気づかせるのが**円環的質問**（循環的質問）です。

F：あなたの振る舞いは、周りにどんな影響を与えていると思いますか？（影響）
F：あなたがそうすることで、問題を余計に悪化させていることはないですか？（逆転）

考える枠組みを変えることで、新しい発想を生み出す手法を**リフレーミング**と言います。たとえば、意見の〝対立〟を〝隔たり〟ととらえると譲歩の可能性が生まれてきます。問題の解釈を変えることで新たな意味を見出していく**意味的リフレーミング**。現状や言動を別の状況や環境に置くことで違った意味を見つける**状況的リフレーミング**の二種類があります。

F：意思決定が遅いというのは、慎重に検討しているということでは？（意味的）
F：チャンスは乏しいかもしれませんが、他になければやるしかないのでは？（状況的）

頭の堅い人の多くは、自らがつくりあげたストーリーに支配されています。抜け出すためには、人と問題を切り離す必要があります（**外在化**）。さらに、問題から受ける影響を把握し、首尾よくいったユニークな事例に目を向けさせます。それが**ナラティブアプローチ**です。

F：どんな問題が、私たちの行動を妨げているのでしょうか？（外在化）
F：組織の問題は、あなたにどんな影響を与えていると思いますか？（影響）
F：うまくいっていたときは、何がよかったのでしょうか？（例外）

自分の考えを伝えるには

ここまでやっても気づいてもらえなければ、ファシリテーターの意見を直接伝えるしかありません。**助言**、**評価**、**指示**といったやり方で、強く介入することになります。即効性が高い半面、多少なりとも相手の主体性を損なってしまいます。

それを避けるには、自分の意見を直接表明せず、客観的な情報提供として伝える方法があります。頭に「参考にならないかもしれませんが」「多分、ピントはずれの話なんでしょうが」とつけると、さらに当たりが柔らかくなります。

F：以前、トヨタで実際にあった取り組みを紹介しましょうか？（事例）
F：一般的に、話が進まないときは、目的に立ち戻るものでは？（原理）
F：松下幸之助さんが、過去にこんなアドバイスをしたそうです（権威）

直接意見を伝える場合でも、「〇〇すべき」「△△はダメ」などの断定的な口調は避けたいところです。Iメッセージとセットにして、なるべく柔らかい口調を使うようにします。

F：ダメとは言いませんが、おそらく□□になるような気がします（帰結）
F：仮に私が当事者だったら、〇〇以外のやり方を考えますけどね（対案）
F：心配しすぎかもしれませんが、本当にそれでいいのかなあ…（懸念）

アドバイスする際には、相手の意思や行動を否定せずに、さらなる改善や挑戦として伝えると受け取ってもらいやすくなります。"Yes And"のカタチを取るわけです。

F：せっかくここまでやってきて、○○ではもったいないですよ（残念）
F：さらに○○をすれば、グンと良くなるんだけどなあ…（暗示）
F：志をさらに大きくして、○○にチャレンジしてみませんか（挑発）

介入が不調に終わったときの対処法

介入がうまくいかず、プログラムを変更して対処せざるをえない場合もあります。アクティビティを入れ替えたり、問いを設定し直したりです。小グループに分けて議論する、対立する両派を分けて議論するなど、場を設定し直すこともあります。

その際は、一方的に変更を通告するのではなく、考え方のプロセスを説明した上で、チームの了解を取るようにします。「どうしたらよいと思いますか？」と、意見を募るのもよい方法です。

チームの問題にファシリテーターひとりで対処する必要はありません。みんなの力で解決できれば、参加意欲も結束も高まります。思いがけない対応策が飛び出すこともあります。

相手が誰であるにせよ、他人を強制的に変容させることはできません。最終的には本人の判断に委ねるしかありません。指摘や助言が却下された場合は、「では、皆さんの責任でこのままやってください」と伝え、チームに任せるしかありません。

ただし、ワークショップを阻害する危険・迷惑・逸脱行為には、権限を発動してストップをかけなければなりません。それで止まらない場合は、「皆さん、こんなことを許してよいと思いますか？」とチーム全体に問いかけるのが一番の方法です。民主的な力で変容をせまるようにするのです。

蛇足かもしれませんが、ここで紹介した話は、あくまでも優れたワークショップをつくるためのものです。**落としどころ**に持っていくためではありません。落としどころという名の仮説を持つことは悪くありませんが、そこにしかいかないのならやる意味がありません。

介入をやりすぎて、落としどころが落とし穴になっては元も子もありません。落としどころよりも、もっと良いものをその場でつくっていく。それがファシリテーターの役目であり、潔く手放す勇気を持つことも肝要となります。

4　終息のスキル（Closing）

ワークショップの三通りのまとめ方

ファシリテーターの最後の仕事は、開いた場を閉じることです。そのために、まずは場から生まれた成果を刈り取っていきます。**ハーベスト**と呼ばれる働きです。今日の成果をまとめて確認することで、ワークショップの留めを打つわけです。

少人数のワークショップの場合、ファシリテーター自らがまとめ役をするのが通例です。各グループで結論をまとめた後、ファシリテーターが総まとめをする場合もあります。そんなときのために代表的なまとめ方を紹介しておきましょう。

①創造的に合意形成する

対話のなかからひとつの優れたアイデアが生まれ、みんなが「これだ！」となれば、まとめも何もありません。**創造的な合意形成**と呼ばれる、ワークショップらしい方法です。アイデアが素晴らしいから結果的にまとまるわけです。まとまらないとしたら、アイデアの質が不十分だから。みんなの気持ちがひとつになれるまで、とことんアイデアを磨き合うようにします。

②複数案を統合する

複数に分かれた意見を統合して、全員が賛成できる案にまとめ上げるのが**コンセンサス**です。多数派の意見に少数派の意見を盛り込む、パッチワークのように複数案つぎ合わせる、両立できる代替案を考える、共通点を取り出す、といった方法が取られます。どうしても決まらなければ、具体策ではなく目的や方針だけを合意をする、積み残した課題を合意する、合意に至るプロセスを合意する、といった方法でまとめることになります。

③最適な案を選択する

統合が難しければ、**取捨選択**をせざるをえません。互いのアイデアの良し悪しを比較・検討した上で、どんな基準で選択をするのか、決め方を決めます。その上でアイデアを評価して判断すれば、合理的かつ納得感のある決定ができます。

多数決もひとつのやり方ですが、安易に使うのは危険です。選択肢が多すぎるときに予備選抜をかけたり、議論をし尽くしたときに使うものです。多数決は民主主義の必要悪であることを忘れないようにしましょう。

どのように対立に対処していくか

どうしてもまとまらなくて立ち往生するときがあります。そんな場合、無理にまとめるのではなく、自らの力でまとまるようにするのがファシリテーターの仕事です。

よくあるのが、意見が対立する者同士、互いの言い分が正しく理解できていないケースです。置かれた立場や状況、こだわりポイントとその理由、大切している価値観や信念など、主張の背景が理解できていないからです。これでは本当の欲求が見えてきません。自己開示を促すアクティビティを入れて、心のなかを分かち合うようにすると効果的です。

答えの出ない論点を、答えの出る論点に換えるのも、対立を解消する一助となります。意見がぶつかるときに、大切なことを話し忘れている場合がよくあります。大抵は、理念、ビジョン、目的などの軸となる話です。**そもそも論**をやれば、チームの結束が高まり、前に進むために融通を効かせやすくなります。目的に立ち戻れば、新たな打開策も生まれやすくなります。

さらに、前節で述べた介入のテクニックも大いに役に立ちます。「これしか答えがない」「一ミリも譲れない」と頭が堅くなってしまうと、まとまるものもまとまりません。メンタルモデルを打ち破り、他に道筋がないかを気づかせる質問の出番となります。

とはいえ、対立解消に向けてのアイデアを出すのはメンバーです。ファシリテーターが安易に調停案を斡旋すると、「自分達で決めた」と思えなくなります。チームの主体性と結論の納得感を損なわないよう、論点を提案する問いかけに留めておきます。

F：A派のこだわりを、B派の提案のなかで実現できませんか？
F：○○という共通の目的を実現する他の方法はありませんか？
F：仮に、一切の制限がないとしたら何ができるでしょうか？

どうしても折り合いがつかなかったり、互いに熱くなりすぎたときは、**ブレイク**（休憩）を取るのがベストです。短い振り返りをする、場所やレイアウトを変える、軽く体を動かす、といった方法もよく取られます。**チェンジ・オブ・ペース**と呼ばれるテクニックです。

ワークショップの留めを打つ

ワークショップによっては、チームや個人に任せて、ファシリテーターがまとめ役をしない場合があります。そんなときでも、成果を日常につなげることを忘れてはいけません。

特に、組織系・社会系のワークショップでは、戦略・方針、問題解決策、意思決定事項、実行計画といった成果の確認をしておかないと、つくりあげたものが神棚に上がる恐れがあります。あいまいな合意事項があれば、明文化して一言一句確認を取るようにします。暗黙の合意もできるだけ拾い上げておく必要があり、空気を読む力と言葉に変換する力が求められます。

その際には、ファシリテーション・グラフィックを使って、目に見えるようにして確認します。後で揉めないよう、必ずワークショップの**記録**を言葉や写真で残しておきましょう。

あわせて、今後に向けての話し合いをしておくことをお勧めします。未消化の課題や目標レベルに達していない課題があれば、今後の対処の方法を相談するようにします。参加できなかった方への**フォロー**のやり方や分担も決めておきます。そうやって、次につなげる段取りをしておけば、ワークショップが一発だけの打ち上げ花火に終わらずにすみます。

一方、人間系のワークショップでは、わざわざファシリテーターがチームとしての成果を確認しないのが普通です。学びや気づきは参加者一人ひとりの心のなかにあればよいからです。

やるとしても、個人の気づきを発表してもらい、共通点をまとめたり、この場で起こったことをレビューしたりするくらいです。テーマによっては、理論的な解説を加えたり、**意図開き**をしたりすることで、学びが深まる場合もあります。そのときは、「それが落としどころだったのか」と勘繰られないよう、状況を見ながら慎重にやるようにしましょう。

振り返りの基本のステップ

ワークショップのフィナーレを飾るのが**振り返り**です。内省して考察することから**省察**（リフレクション）とも呼びます。体験を学習に昇華する重要な活動であり、単なる反省会やダメ出しにならないようにしなければなりません。基本となるやり方を紹介します（図表4－5）。

①体験する

振り返りの素材となるのはワークショップでの体験です。体験から学ぶことこそ真の学習であり、それでこそ本当に使える知識や教訓となっていきます。

②指摘する　～どんなことが起こりましたか？

次に、今ここで個人やチームに起こったことを出し合い、みんなで分かち合います。行動や感情などのプロセス、すなわち本章の第二節で述べた要素を指摘し合うことになります。

③分析する　～なぜ、そうなったのでしょうか？

指摘した内容を分析して、解釈や意味づけをしていきます。「なぜ？」を何度も繰り返して、今ここで起こったことの本質を深く考えていきます。

図表 4-5　体験学習のサイクル

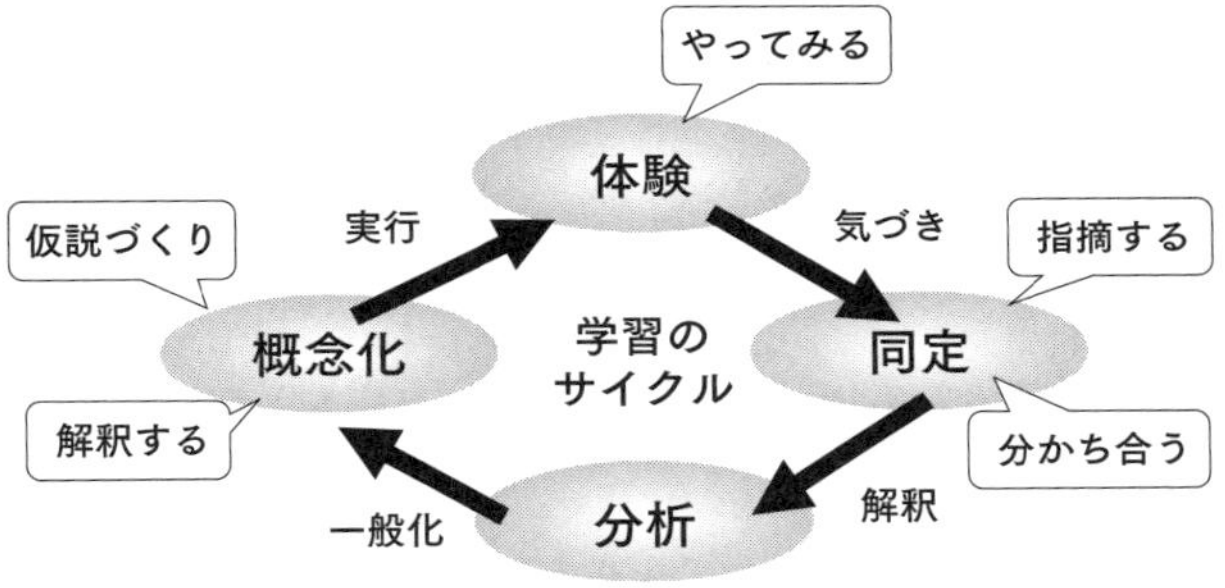

参考文献：津村俊充他『ファシリテーター・トレーニング』（ナカニシヤ出版）をもとに作成

④概念化する
～その教訓はどのように役立ちますか？

分析した内容を成功法則、教訓、原理原則などの仮説にまとめ知識化（一般化）します。その知見は、次の体験で試してみて、さらなる学習のサイクルを回していきます。

なぜ学びが深まらないのか

このサイクルを回すのは意外に難しいものです。結果の良し悪しばかり振り返り、過程で起こったことに目がいかなくなるからです。必要であれば介入もしながら、コンテンツではなくプロセスを振り返ることを徹底しなければなりません。

それにしても、「よし分かった。次はこうすればいいんだな」とばかり、第一ステップ（体験）

から第四ステップ（概念化）へと先走ってしまう人が必ず出てきます。ありきたりの教訓に飛びつき、形ばかりの反省になるのが関の山。腹に落ちた学習にならず、同じ失敗を繰り返すだけになります。

そうならないよう、ステップを踏んで対話を重ねていかなければなりません。不慣れだったり、互いに遠慮が働いたりするときは、四つのステップの問いを書いた**振り返りシート**を記入してから始めるようにします。振り返りのアクティビティもうまく使いたいところです。

振り返りは、ワークショップの終了時にやるとは限りません。セッションの終わりやチームが困難な局面に陥ったときなど、途中で適宜はさむと参加者の気づきが促進できます。そのときは、漠然と「振り返りをしてください」では効果が得られません。何をどうやって振り返るのか、問いやグラウンドルール（否定しないなど）を示すことが大事です。

F：このワークショップで、一番心に残ったことは何でしょうか？
F：これまでで、あなたの心のなかでどんな変化が生まれましたか？
F：今日の気づきはチームの明日にどんな貢献をしてくれるでしょうか？

振り返りでの
ファシリテーターの役割

振り返りを効果的に進めるためのファシリテーターの役割を整理しておきます。多くは既に述べたスキルの応用となります。

①安心できる場をつくり、
　多様な意見を引き出す

四つステップのなかで鍵を握るのが、一番目の指摘です。ここで十分な自己開示ができないと、後のステップが深まっていきません。安心して自己開示ができるようルー

COLUMN

場を支配してしまうメンバーへの対処法は?

ワークショップで必ず登場するのが発言を独占する人です。大抵は、地位が高い年配の男性であり、いわゆる「社会的ランク」が高い人達です。お言葉を有難く拝聴するしかなくなります。

そうなると分かっているなら、グラウンドルールで独占禁止を掲げておきましょう。それでも直らなければ、発言回数や時間を計る手があります。案外本人は自覚なしでやっている場合がありますから。

さらに、発言の機会や方法をコントロールする方法があります。たとえば、二人ペアにして片方ずつ話をしてもらうようにします。一人ずつ順番に発言を回していったり、話したい人がトーキングスティックを取ってしゃべる（他は発言禁止）という手もあります。あるいは、付箋を使って意見を出すなど、打ち手はいくらでも考えられます。

ただし、これらは小手先の対処法であり、本質的な解決になりません。場を支配してしまうのは、「注目されたい」「権威を見せつけたい」といった欲求があるからです。普段の当人への関わり方を変えることで、行動変容を促すのが根本的な治療法となります。

ルやムードづくりを心がけます。答えやすい問いかけ方を考え、自己開示を促進していきます。発言者を攻撃から守ったり、冗談や雑談でお茶を濁す人に対処したりも必要となります。自由で幅広い意見を集めることが振り返りの質を高めてくれます。

②思い込みを打ち破り、とらわれを修正する

分析のステップでは、固定観念を打ち破り、新たな切り口で考えられるような働きかけをしていきます。安易な答に飛びつきそうなときは、「本当にそう？」「他の考えは？」と思考を広げる質問をします。あえて反対の立場で批評者になったり、考えるヒントとして事例や比喩を提示するのも、思い込みの壁を突破するのに役立ちます。

③知識化を支援して、日常につなげる

最後の知識化のステップでは、安易な結論づけがされないよう、自分達なりの意味づけができるのを励まします。必要であれば、専門的な解説や原理原則を伝えて知識化の手伝いをして、腹落ち感を高めます。忘れてならないのは、ここで得た気づきをしっかりと日常とつなげることです。繰り返しになりますが、日常に戻すまでがファシリテーターの役割です。

第5章 ワークショップを実践する

ビジネスシーンを念頭に、代表的なワークショップのプログラムとファシリテーションのポイントを解説していきます。皆さんが抱える問題に近いものがあれば、実践する際のヒントにしてみてください（個々のアクティビティについては第3章を参照ください）。

〈ケース1〉異なる職種間の交流を促進する（起承転結型）

チーム間の風通しが悪い

A課では販売と技術サポートの二つのチームで仕事をしています。連携を密にして業務を進めるべきところが、仕事の内容や特性が異なることもあり、交流があまり活発ではありません。販売の話が技術に伝わっていないなど、コミュニケーションの問題が生じたこともあります。

情報の共有を密にするための、両チーム合同の会議はあるものの、ひとりずつ順番に近況報告をするだけで、活発に討議する場になりません。他の人の仕事に興味がないのか、「何かコメントは？」「全員で議論すべきテーマは？」と課長が水を向けても、みんな下を向いてしまうばかり。その癖、それぞれのチーム内で話し合えば、互いの愚痴で盛り上がります。

ホンネが出るような仕込みをする

こういう問題にこそ、気楽に真面目に対話する場としてのワークショップが向いています（図表5―1）。「議論せよ」「ホンネを出せ」と言われても、心理的安全性が担保されていないと、怖くて話せません。いきなり本題の話をするのではなく、安全を確認しながら徐々に心の扉をオープンしていくのが正攻法です。少しずつそそのかしていくわけです。

異なるチームの二人をペアにして、四つの項目で「自己紹介」するところから始めます。みんなの前では言えなくても、二人なら親密に話せるかもしれません。その後で、両チームのメンバーを混ぜたグループをつくり、「体験学習ゲーム」に挑戦してもらいます。勝ち負けのあるゲームは盛り上がる上に、夢中になると人柄や仕事の癖が出ます。事後に振り返ることで、相互理解が深まると共に、協働作業を進める上での教訓が得られます。

じっくりと前半戦で場を温めたところで、ようやく仕事の話に入ります。とはいえ、両チームを混ぜてしまうと遠慮が生じるので、「フィッシュボウル」を使うことにします。片方のチームの話をもう片方が聴く。話し手と聞き手を交代しながら何度も繰り返すことで、実質的に一緒に話をするのと同じ効果が得られます。それをやってから全員で対話をするのです。

ファシリテーションのポイントとしては、一人ひとりの心のなかやチーム間の関係性など、

図表5-1　異なる職種間の交流を促進する

コミュニケーション促進ワークショップ　～あなたと私から私たちへ	
<狙い／目標> チーム間の風通しをよくして、円滑にコミュニケーションできる関係性を築く	
<対象者／人数> 担当者全員、10名程度	<時間／場所> 13：30～16：45、都内の貸会議室

	時間	狙い／目標	活動内容／テーマ	場の設定
1	13：30 （30分）	オープニング 関係性を築く	・チェックイン＆他己紹介 「自己紹介：4つの窓」	2人ペアで
2	14：00 （60分）	相互理解を 深める	・体験学習ゲーム 「マシュマロタワー」 「協力ゲーム」	混合 グループで
3	15：00 （60分）	ホンネで対 話する	・フィッシュボウル（ジョハリの窓） 「今、何に困っているのか？」 「相手の困り事をどう思うか？」	チームに 分かれて
4	16：00 （45分）	成果を分か ち合う クロージング	・ダイアログ 「これから何をするか？」 ・チェックアウト	全員が輪 になって

刻々と変化するプロセスを観察して、問いや時間を調整することです。あわせて、置き去りになったり、孤立無援になっている人がいないか、メンバーへの目配りが大切です。

また、フィッシュボウルが始まったら、余計な口出しは最小限にして、ファシリテーション・グラフィックで場を盛り上げていきます。それをやりつつ、相手チームを非難するなど、行きすぎた発言がないか注意を払います。あった場合は軽くリフレーミングをして、感情的な対立が生まれないように心がけます。

〈ケース2〉 衆知を集めて業務を改善する（問題解決型）

問題意識がバラバラなメンバー達

B社では今年度「働き方改革」の取り組みをスタートさせることにしました。開発部においても独自に取り組む内容を決めて、一年間継続して活動をしなければなりません。以前から「残業をするな」「効率を上げろ」と口を酸っぱくして言われてきたものの、一向に効果が上がりませんでした。今回こそは、積年の問題を解決するよいチャンスです。

ところが、多くのメンバーは「これ以上は無理」「仕方がない」とやる前から諦め模様。問題に対する認識や解決へのモチベーションにも大きな差があります。みんなが力を合わせて頑張れる取り組みにするには、どうしたらよいのでしょうか。

問題を自分事にして解決を考える

問題意識がバラバラなときは、「何が問題か？」「なぜ問題を解決しないといけないか？」のすり合わせが重要です。ここを腹に落としておかないと、どこかで卓袱台返しを食らいます。

そのために、一方的に問題を押しつけるのではなく、各々の体験を語ってもらったり、悩みを分かち合ったりして、問題解決への意欲を高めていくようにします。働き方に関する一般常識を問うクイズでテーマへの興味を高めるのもよい方法です（図表5－2）。

問題解決プロセスで最も重要なのは、二番目の「原因の探求」のステップです。全員を同じ土俵に乗せるにはフレームワークを活用するのが一番。要因が複雑に絡み合っているときは、要因同士の因果関係を矢印で結んでいく「連関図」（フロー型）が最適です。付箋を使って整理しやすくすると同時に、場に動きを生み出します。

午後からはアイデア出しです。部屋を模様替えする、グループを組み替える、お茶やお菓子を用意するなど、午前とは違った雰囲気を演出したいところです。

集まったアイデアは、効果性と実現性で取捨選択するのが常套手段です。いくら素晴らしいアイデアでも、自分達でコントロールできない案を採用すると解決不能になってしまいます。必ず実行可能なものを選び、具体的なアクションプランへと展開しておかないといけません。あわせて、ワークショップが単なるお祭り騒ぎにならないよう、チェックアウトで一人ひとりの実行への意思を確かめておくようにします。

図表 5-2　衆知を集めて業務を改善をする

働き方改革を考える！　～業務改善ワークショップ

＜狙い／目標＞
働き方改革に向けて今年度の職場での取り組みを決定する

＜対象者／人数＞	＜時間／場所＞
開発部全員、30名程度	10：00 ～ 16：30、本社の会議室

	時間	狙い／目標	活動内容／テーマ	場の設定
1	10：00（60分）	オープニング 問題の共有	・チェックイン「働き方の悩み」 ・クイズ＆バズ「働き方の現状」	シアター型で
2	11：00（90分）	原因を分析して、方針を立てる	・連関図（付箋を使って）「何が本当の問題か？」 ・ハーベスト→方針づくり	アイランド型で
（昼食）				
3	13：30（120分）	解決策を発想して、絞り込む	・ブレスト（マインドマップで）「どうやったら解決できるか？」 ・ペイオフマトリクス	アイランド型で
4	15：30（60分）	行動計画 クロージング	・アクションプランづくり ・チェックアウト	全員が輪になって

問題解決型は、流れだけ見ると、普段やっている会議と大差ないように見えます。下手をすると、やらされ感が募り、机上の空論になる恐れがあります。経験をもとにして語る、右脳を使うアクティビティを入れる、思考ツールを活用する、場に動きを加える、非日常感を高める、といった工夫をして、地に足のついた話し合いになるように心がけましょう。

今回のように人数が多いワークショップだと、どうしてもグループに分かれて議論することが多くなります。全体がひとつになって進むには、ハーベストがポイントとなります。丁寧な合意の確認がファシリテーターに求められます。

〈ケース3〉 新商品をみんなで企画する（企画発想型）

盛り上がらないアイデア会議

先月から商品企画部では、若手を集めた「新商品アイデア会議」を開催しています。専務の発案で企画されたもので、各部門から発想力が豊かな選りすぐりの人材を集めました。従来の枠組みにとらわれない斬新な視点で、新しい商品を考えようというのが狙いです。

ところが前回は不発に終わり、進め方を検討し直さなければならなくなりました。「何か良いアイデアはありませんか？」と司会者が投げかけても、みんな腕組みをして考えるばかり。わずかに出たアイデアも、「ありきたりだよ」「前にやってダメだった」「実現できるの？」とつぶし合うばかり。これでは何度やっても専務の期待に応えられそうにありません。

アクティビティの効果を高める

アイデアは無から有を生み出すものではありません。アイデアのもとになる種が必要です。

ユーザーを訪問するなど、午前中に各自で「フィールド調査」をして、頭のなかに手掛かりをつめこむようにします。それも、写真やお客様の声などの記録を取って、ワークショップに持ってきてもらうことにします。何を観ればよいかが分からない人には、観察のポイントを書いたワークシートを渡すとよいでしょう（図表5―3）。

アイスブレイクをした後、調査報告からワークショップは始まります。観てきた内容を逐一報告するのではなく、驚いたことや疑問に思ったことなど、その場でひらめいたインサイト（洞察）を語り合います。そこから、ひらめきの連鎖をつくり出し、誰のどんな役に立つものを検討していくのか、発想のターゲットを絞りこんでいきます。発言の何を拾い出すのか、何と何をつなげるのか、ファシリテーターの舵取りが重要な役割を担います。

狙い目が決まったらアイデア出しです。堅い頭を打ち破るためのウォーミングアップから始めます。最悪のアイデアを考える「アンチプロブレム」や、極端に飛躍したアイデアを考える「エクストリームプロブレム」などが打ってつけです。

「ブレーンストーミング」では「三〇分で一〇〇個！」といったノルマを与えて強くプッシュをかけるようにします。さらに、メンバーごとにアイデアを記入する付箋の色を変えて、誰がサボっているのか一目瞭然にしておきます。自己規制や手抜きといった、マイナスの相互作用

図表 5-3　新商品をみんなで企画する

若手の英知を結集せよ！　新商品企画ワークショップ

＜狙い／目標＞ 若手の発想を活かした新しい商品のアイデアを立案する	
＜対象者／人数＞ 若手企画担当者、10名程度	＜時間／場所＞ 13：00～17：00、ショールーム会議室

	時間	狙い／目標	活動内容／テーマ	場の設定
1	13：00 (30分)	オープニング	・チェックイン ・インプロゲーム	全員が輪になって
2	13：30 (45分)	コンセプトを立案する	・フィールド調査報告→ダイアログ 「どんなインサイトを得たか？」	2人ペア →全員で
3	14：15 (90分)	アイデアを発想する	・アンチプロブレム ・ブレーンストーミング（付箋で） 「どんな商品が考えられるか？」 ・ドット投票（NUFテスト）	グループに分かれて
4	15：45 (75分)	発案を検証する クロージング	・プロトタイピング＆発表 →採用アイデアの決定 ・チェックアウト	グループ →全員で

を打ち消すための仕掛けです。

続く「プロトタイピング」は、今回のワークショップの山場です。色画用紙、カラーペン、糊やハサミ、模造紙、粘土、レゴブロックなど、試作に必要な材料を用意して、思い思いにデザインしてもらいます。演劇をやるのも楽しく、段ボール、布、小道具など舞台づくりの材料やBGMがあると重宝します。ただし、制作作業に夢中になりすぎると、肝心のアイデアの検討がそっちのけになります。没入しすぎているグループには、「これ何ですか？」「何ができあがるのですか？」といった声掛けをして、テーマに引き戻すことも欠かせません。

〈ケース4〉一方通行を双方向の場に変える（発散収束型）

退屈で頭に残らないプレゼンテーション

C事業所では、ことあるたびに社員全員が食堂に集められます。年度方針の伝達、新人事制度の説明、ハラスメント対策セミナーなど、テーマは毎回違うものの、一方的に話を聞かされるという点ではすべて同じです。退屈きわまりない上に、思っているほど記憶に残りません。

さすがにまずいと思ったのか、申しわけ程度の質疑応答の時間が用意されています。ところが、「何かありませんか?」「じゃあ、ないようですのでこのあたりで」とおざなりなもの。偉い人が登壇しているときは、事前に質問を仕込んでいたり、進行役自らが尋ねることもあります。そんな茶番につき合わされるくらいなら、早く解放してほしいものです。

発散と収束のメリハリをつける

発散収束型は短時間で回せる上に、他の型に組み込むこともできる、汎用性の高い型です

（図表5－4）。発散のステップでは批判や評価をせずに考えを出すだけ出す。収束のステップでは意見の追加や展開をせずに集約や選択に専念する。発散と収束のメリハリをつけるのがポイントとなります。ここでは、プレゼンが終わった後のワークとして説明していきます。

たっぷりインプットが終わったら、頭のなかにあるものをできるだけアウトプットしてもらいましょう。ここでは、少し大き目の問いを使って、意見、感想、疑問点など何でも出せるようにしていきます。しかも、隣の人と二〜三人であれば気楽に話せます。最初は小声でボソボソだったのが、最後にはファシリテーターの声が通らないくらいになるはずです。

発散収束型で難しいのは、どのタイミングで切り替えるかです。早すぎると不全感が残り、遅すぎるとダレてしまいます。時間割はあくまでも目安であり、場の空気を読んで決めるしかありません。よい頃合いが分からないときは、「そろそろいいですか？」「あと三分で話が終わりますか？」と参加者に尋ねてみるのが一番の方法です。

片や収束ですが、たくさんの意見をいきなりまとめるのは難しく、その前の整理が鍵になります。それには「見える化」が欠かせません。とりわけ大人数の場合は、付箋、カード、A4紙などの道具が必要となります。

ワークショップで大切なのは、得た成果が自分事と思えるかどうかです。そのためには、何

図表 5-4　一方通行を双方向の場に変える

ワークショップ型の新人事制度説明会（プレゼン後のワークショップ部分のみ）

<狙い／目標> 新人事制度に対する理解を深め、現場の懸念を払しょくする	
<対象者／人数> 事業所全員、150名程度	<時間／場所> 16：00 ～ 17：00、食堂

	時間	狙い／目標	活動内容／テーマ	場の設定
1	16：00	オープニング	・インストラクション	シアター
2	16：05 （25分）	考えを発散させる	・バズ 「説明を受けて心に残ったこと」 ・フリップ→A4紙に書き出す 意見、感想、疑問点など	隣同士の2人ペアで
3	16：30 （25分）	考えを収束させる	・各自ボードに貼り付け →軽くグルーピングする ・ハーベスト →多数or代表的な意見抽出 ・登壇者がコメント（回答）	全員で
4	16：55	クロージング	・まとめ	全員で

を決めるにも、会場とやりとりして丁寧に同意を取りながら進めることです。時間がなく、独断でやらざるをえない場合には、必ず一任を取ってからやるようにしましょう。

いずれにせよ、一時間も話を聞きっぱなしは苦痛でしかありません。本来は、途中で軽い「バズ」を入れたいところです。さらにクイズ、エクササイズ、ワークシート、手挙げアンケートといった参加度を高めるアクティビティがあると退屈せずにすみます。アイスができてからブレイクをするのではなく、アイスができないようにするのが望ましい姿です。

〈ケース5〉コモングラウンドを共有する（目標探索型）

まとまりの悪いプロジェクト

D社では、社内の各部署のエキスパートに加え、協力会社からも専門家を集め、さまざまなプロジェクト活動を進めています。メンバーの初顔合わせの場では、狙いや進め方などの説明があり、一通りの自己紹介をやって懇親会で交流を図る。それが今までのパターンでした。

ところが、プロジェクトが進むにつれて、考え方の違いが露わになるのが常です。ゴール間近になって「そもそも論」が持ち上がり、成果物の方向性の大きな追加・修正が必ずあります。そうなると、納期に間に合わせるために、力技で火消しに回らざるをえなくなります。徒労感ばかり募り、後味の悪い終わり方をすることが少なくありません。

共通の目標を協働でつくり上げる

チームづくりで大切なのが理念の共有です。何のために頑張るのか（ミッション）、何を目指すのか（ビジョン）、何を大切にして活動するのか（バリュー）、**コモングラウンド**（共通の土台）を分かち合うことでチームの結束力が高まります。プロジェクトの早い段階で、みんなでトコトン話し合って、これらを目に見える形にしておくことをお勧めします。そのために、丸一日職場から離れてチームづくりに費やしても損はないはずです（図表5－5）。

このワークショップでは、通り一遍の自己紹介に代わり、「ペアインタビュー」を使って物語を共有するところから始めます。たとえば、仕事をしてきて最も嬉しかった（充実した）「最高の体験」をじっくりと語ってもらいます。物語を通じて、語り手は自分を見つめ直すキッカケに、聞き手は相手の心の深い部分を理解するのに役立てます。

その上で、みんなの強みを結集して最高のチームをつくることを考えます。ここでは「ダイアログ」を使って言葉でまとめるプログラムになっています。他にも、メタファ（比喩）で表現したり、一枚の絵にまとめたり、右脳を使うやり方もあります。メンバーの個性と嗜好を勘案しながら、チームに最適なやり方を選択するようにしましょう。

そして、ワークショップの締めくくりに、チームが目指す姿を議論していきます。「未来新聞」はプロトタイプのひとつです。プロジェクトが無事成功を収めたときに、自分達が新聞や社内報に大きく取りあげられた姿を思い描き、仮想の記事を制作していきます。完成した後

図表 5-5　コモングラウンドを共有する

最高のチームをつくるための「ビジョンワークショップ」

＜狙い／目標＞ 全員が一丸となって取り組めるプロジェクトのビジョンをまとめる	
＜対象者／人数＞ プロジェクトメンバー、10名程度	＜時間／場所＞ 9：00～16：00、研修センター会議室

	時間	狙い／目標	活動内容／テーマ	場の設定
1	9：00 （90分）	オープニング 資源を発見する	・自己紹介→Q＆A ・ペアインタビュー 「最高のプロジェクト体験は？」	2人ペアで
2	10：30 （90分）	理想を掲げる	・ダイアログ「最高のチームとは？」 ・ハーベスト	グループで
			（昼食）	
3	13：00 （90分）	目標を定める	・未来新聞 →エッセンスを言語化する ・愛称やロゴをつくる	グループで
4	14：30 （90分）	方策立案 クロージング	・アクションプランづくり ・KPT	全員が輪になって

で、記事にこめられた思いを抽出してメッセージにまとめていきます。あわせて、プロジェクトの愛称、ロゴ、合言葉などをつくっておくと、プロジェクトが動き出してから重宝します。

このワークショップで重要なのはポジティブなムードで進めることです。弱み・問題・失敗ではなく、強み・挑戦・成功に目を向け、自分達のやりたいこと（Will）、できること（Can）、やらなければいけないこと（Must）をうまく融合するようにします。それをありきたりの安易な言葉でまとめず、研ぎ澄まされた言葉で思いを紡いでいくのが、ファシリテーターの大事な役目です。

〈ケース6〉学びが深い研修を立ち上げる（体験学習型）

退屈な研修はまっぴら御免

人材開発部では全管理職に対して「部下のやる気を高める」研修を企画しています。背景には、若手社員のモチベーションが下がり気味で、入社三年以内の離職率が高いことがあります。社長からは「マネジャーに問題がある。今すぐ研修をやるように」と檄が飛んでいます。

早速、いくつかの研修会社に当たったのですが、いずれも「帯に短し襷に長し」。こちらの要望にピッタリ合うものがありません。だったら独自のカリキュラムを開発し、事情が分かっているベテラン社員に講師を任せたほうが、教育効果が高いのではないか。そんな意見があるものの、内製化すると退屈な研修になりはしないか、という懸念が出ています。

受講者自らが答えを見つけ出す

「聞いたことは忘れる、見たことは覚える、やったことは分かる」と言われています。経験を通して発見したものでないと血肉になりません。そのため、研修の冒頭でのゴールの確認が重要です。「本日は、やる気を引き出す魔法を教える研修ではありません。みんなの智恵を結集して、私たちなりの答えを見つけましょう」といった具合に（図表5－6）。

学習の最高の材料は過去の経験です。一人ひとりが持つ成功や失敗の例を他のメンバーと分かち合えば、語り手にも聞き手にも発見があります。それで材料が足らなければ、本やビデオなどから学ぶのが手っ取り早い方法です。いずれの場合も、受け身にならないよう、振り返りを通じて得たものを言葉にすることが肝要です。

続くステップでは、楽しく考えてもらうために「コンセンサスゲーム」を活用します。「部下のやる気を削ぐ上司」を七タイプ列挙して、個人でランキングした後、グループでの答えをつくる、といったものです。さらに、上司役と部下役に分かれて、よくある日常シーンを演じながら議論する「ロールプレイ&ディベートゲーム」をやってもらいます。いずれも、多様な価値観があることや、上司と部下の関係性が大切であることなどが学べます。

そうやって頭のなかをしっかり耕してから、自分達なりのノウハウを教訓（レッスン）として言語化していきます。その際は、経験をもとにして、自分の言葉で、切れのよいワードで、などのグラウンドルールを設定して、受け売りや紋切り型の表現にならないようにします。

図表5-6　学びが深い研修を立ち上げる

NEWモチベーション研修　〜やる気のスイッチを見つけ出せ！

＜狙い／目標＞ 部下のやる気を高めるための自分なりのやり方を見つけ出す	
＜対象者／人数＞ 管理職対象、20名程度	＜時間／場所＞ 9：00 〜 17：00、社内研修室B

	時間	狙い／目標	活動内容／テーマ	場の設定
1	9：00 （90分）	オープニング 体験をする	・ストーリーテリング ・ケーススタディ（ビデオ）	2人ペアで
2	10：30 （120分）	指摘をする	・コンセンサスゲーム ・ロールプレイ&ディベートゲーム →よくある職場のシーンを演じる	グループで
			（昼食）	
3	13：30 （120分）	分析をする	・ダイアログ 「やる気を引き出すためには？」 ・各自3箇条でまとめ発表	グループで
4	15：30 （90分）	概念化する クロージング	・質問会議 ・KPTで振り返り	3人1組で

研修としてはこれで十分なのですが、「今困っていることに直接役立つヒントが欲しい」という声に応えるために、最後に「質問会議」を入れています。三人一組となり、ひとりの悩みに対して二人が質問やアドバイスをするアクティビティです。いわば、ここまで学んできたことの実践であり、研修後に現場で役立つネットワークづくりも兼ねています。

この流れだと、退屈な講義を聞く時間はほとんどなくなります。ファシリテーターも自分の経験や知識を話したくなりますが、よほど素材が不足していない限り必要ありません。グッとこらえて、対話を見守ることに徹しましょう。

〈ケース7〉明るい将来像を描き出す（過去未来型）

未来の利害関係者が一堂に会する

旅行代理店のE社のトップは大きな危機感を抱いています。少子高齢化に加え、ネットやAIの普及により、ビジネスを取り巻く環境が大きく変化しているからです。マーケットが縮小するどころか、業界そのものが立ち行かなくなる恐れすらあります。

そこでE社では、創業五〇周年を記念して大規模なワークショップを開催することにしました。社内の各部門に加え、交通関係、エンターテインメント業界、ITベンダー、旅行マニア、熟年層、学生、外国人など、幅広い利害関係者を集めて、「旅行の未来」を考えようと言うのです。イノベーティブな発想を生み出せるか、まさに社運をかけたワークショップです。

共に変革を起こすつながりをつくる

このような場を**フューチャーセッション**と呼びます（図表5－7）。ワークショップのプログラムもさることながら、未来の利害関係者を多様に集めること、求心力のあるテーマを掲げること、居心地のよい環境を用意することが大切です。極端に言えば、これら三つがそろえば、特段のプログラムを用意しなくても自然と対話に花が咲いていきます。

はじめに、この二〇年間に個人、組織、社会がどう変化してきたか、「タイムライン」を使ってトレンドやパターンを分析します。そうしながら、参加者それぞれがどんな知識や経験を持っているかを知り、チームづくりに役立てます。

それが終わると「インスピレーショントーク」です。第一線で活躍している数人が〝今〟を熱く語るのをみんなで聴きます。その後、現在影響を与えつつある要因を洗い出し、インパクトの大小と不確実性の大小の二軸で整理をします。そうやって、未来を検討するのに必要な素材をたっぷりと頭につめこみ、後半戦のアイデア発想の糧とします。

午後からいよいよ「旅行の未来」について考えていきます。まず、利害関係者をいろいろ混ぜながら、一人ひとりの思いを掛け合わせていきます。十分に対話ができたら、ひとりずつ心に残ったアイデアやテーマをＡ４紙にまとめます。それをもとに、今度は同じ興味を抱く人達でグループをつくります。アイデアを洗練させたり肉づけをしたりして、絵や工作などでプロトタイプにしていきます。このあたりはよくある流れとして頭に入れておきましょう。

図表 5-7　明るい将来像を描き出す

創業50周年記念フューチャーセッション　～旅行業の未来を描こう！	
＜狙い／目標＞ 10年後の社会のありようをイメージし、新しいビジネスモデルを生み出す	
＜対象者／人数＞ 利害関係者、40名程度	＜時間／場所＞ 10：00 ～ 17：00、カフェスペース

	時間	狙い／目標	活動内容／テーマ	場の設定
1	10：00 （75分）	オープニング 過去を観る	・チェックイン ・タイムライン（20年の変化）	サークル →島型
2	11：15 （75分）	現在を見つめる	・インスピレーショントーク ・コンテクストマップ	多様性グループで
			（昼食）	
3	13：30 （150分）	明るい 未来を描く	・ワールドカフェ「旅行の未来」 ・マグネットテーブル ・プロトタイピング	グループをシャッフルする
4	16：00 （60分）	決意する クロージング	・プレゼン＆ドット投票 ・プロジェクトづくり	全員が輪になって

おしまいは楽しい発表会です。順番に軽くプレゼンをした後、「ギャラリーウォーク」をしながら「ドット投票」で支持を競い合います。そして、今日ここでできた〝つながり〟を持続させるために、プロジェクトを立ち上げてワークショップの幕を閉じることにします。

一日でこの課題をこなすとなると、盛りだくさんの内容にならざるをえません。タイムキープが重要となり、的を射たインストラクションが求められます。さらに、遅いグループに適宜プッシュをかけていかないと、予定通りに終われません。成果に重きを置いて、要領よく進行するスキルが求められます。

〈ケース8〉　組織の風土を刷新する（組織変革型）

飲み会だけでは心もとない

新年度を前にF部門では、チームの結束を高める一泊二日の合宿を開催するのが習わしとなっています。新年度の方針を行動計画に落とし込み、部門が抱える問題の解決策を話し合うのが例年のメニューです。実際には、夜の懇親会が最重要のイベントとなっています。

ところが、メンバーの孤立化と分断化が進みつつあるなか、懇親会をいくらやってもチームの一体感は生まれてきません。新しい時代に向けて、組織の風土を一新していきたい。そう願う新任部長の意向で、今年は合宿のプログラムをゼロからつくり直すことにしました。

会話・対話・議論を積み重ねる

一日目で関係性を高め、二日目にチームの課題について話し合うプログラムとなっています（図表5―8）。長丁場のワークショップでは、予期せぬことが起きやすくなります。代替案を懐に入れておくなど、あらかじめ対応を想定しておけば、当日あわてずにすみます。

まず、関係づくりに二つのアクティビティが用意されています。ひとつは、メンバー相互の関係性を深めるもので、ひとりが語る感動の物語を二人が聴いて、フィードバックを返していきます。さらに、印象に残ったエピソードをチームの全員に披露して分かち合います。

もうひとつは、リーダー（部長）とメンバー（部員）の関係性を深めるものです。「ジョハリの窓」を応用した「リーダーズ・インテグレーション」というワークです。まずは、部員だけで集まり、部長について「知っていること」「知りたいこと」「知ってほしいこと」「貢献できること」を挙げていきます。次に、部長から各々に対してコメントしてもらいます。こうすれば自己開示と他者受容が促進できます。部長が心を開いてくれるかどうかが勝負になります。

その上での懇親会であれば、愚痴や馬鹿話にならず、ホンネの語り合いができます。酔っぱらう前に、チームづくりに役立つゲームをして、さらに関係を深めることもできます。

二日目は、理想的な職場のあり方を対話するところから始まります。こういうときに重宝するのが、集合的対話の代表選手である「ワールドカフェ」です。楽しいだけで終わらせず、ファシリテーターがテーブルに残った言葉を紡いで、チームのビジョンとしてまとめます。

さらに、「免疫マップ」を使って、組織が持つメンタルモデルを探究します。起こりがちの

図表 5-8　組織の風土を刷新する

対話型組織開発ワークショップ　～最強の営業所を目指して！

＜狙い／目標＞
互いをよく知り合い、共に変革を進めていけるだけの関係性を培う

＜対象者／人数＞	＜時間／場所＞
全員（部長を含む）、20名程度	13：00～翌日17：00、保養所

	時間	狙い／目標	活動内容／テーマ	場の設定
1	13：00 （30分）	オープニング	・チェックイン ・組織活性度チェックシート	全員が輪になって
2	13：30 （90分）	関係性を高める会話	・ストーリーテリング 「一皮むけた体験は？」	3人1組で
3	15：00 （120分）		・リーダーズ・インテグレーション ①メンバーからリーダーへ ②リーダーからメンバーへ	2グループに分けて
4	17：00 （60分）		・ハーベスト ・本日の振り返り	全員が輪になって

懇親パーティ（＋チームビルディング・ゲーム）

	時間	狙い／目標	活動内容／テーマ	場の設定
5	9：00 （120分）	意味を共有する対話	・チェックイン ・ワールドカフェ「理想的な職場」 ・ハーベスト	4人1組で、シャッフルをしながら
6	11：00 （60分）		・免疫マップ →組織のメンタルモデルを探す	
			（昼食）	
7	13：00 （180分）	未来を描く議論	・オープンスペース・テクノロジー →テーマ別に分科会 ・プレゼンテーション＆全体討議 ・アクションプラン確認	テーマ別に部屋を分けて
8	16：00 （60分）	省察 クロージング	・振り返り ・チェックアウト	全員が輪になって

▶途中で起こる葛藤や想定外の出来事を自分達の力で乗り越え、後まで語り継がれるような「伝説のワークショップ」を目指すようにします。

パターンからジレンマの構造を見つけ、さらに大元になるメンタルモデルを探し出します。

午後からは、理想のチームを実現する方策を議論していきます。ここでは「オープンスペース・テクノロジー」を活用して、トピック毎に具体策を検討します。トピックからトピックへと人が自由に渡り合える〝開かれた場〟ができるかどうかが、鍵になります。最後にトピック毎に結論と提案を発表して、部門として採用するかどうかを決定します。

COLUMN

ワークショップの成果を現実に活かすには?

生み出したアイデアを実践したり、学びを行動へとつなげてこそ、ワークショップが意味あるものになります。現場に落とし込めるよう、成果を具体化しておくのはもちろん。ワークショップの後の進め方も最初からデザインしておきましょう。

その時に「一部の人間だけで決めた」と正当性が疑われたら元も子もありません。利害関係者を、いろんな方法でもれなく参加させることが大切です。ワークショップの中で、事後に主導的に動くリーダー役を決めておくと安心です。ファシリテーターがその人のフォローをすることも忘れないように。

加えて、ワークショップでは目に見えない成果も忘れてはいけません。一つはワークショップという体験そのものです。必ず記録を残して、伝説として語り継いでいくようにします。

もう一つは、そこで築かれたメンバー間のつながりです。それこそが、成果を現実化するときの最大の原動力となります。ワークショップが終わった時が本当の始まりなのです。

ブックガイド

●ワークショップ全般（第1章）

●木下勇『ワークショップ』学芸出版社、二〇〇七年
●中野民夫『ワークショップ』（岩波新書）岩波書店、二〇〇一年
●ジョン・デューイ『学校と社会・子どもとカリキュラム』（講談社学術文庫）講談社、一九九八年
●浅海義治他『参加のデザイン道具箱　Part－1～4』世田谷まちづくりセンター、一九九三～二〇〇二年
●苅宿俊文他『ワークショップと学び1～3』東京大学出版会、二〇一二年
●山内祐平他『ワークショップデザイン論』慶應義塾大学出版会、二〇一三年

●チーム・デザインのスキル（第2章）

●堀公俊、加藤彰、加留部貴行『チーム・ビルディング』日本経済新聞出版社、二〇〇七年
●スティーブン・ロビンス『組織行動のマネジメント〈新版〉』ダイヤモンド社、二〇〇九年
●津村俊充、山口真人編『人間関係トレーニング』ナカニシヤ出版、二〇〇五年

・星野欣生『人間関係づくりトレーニング』金子書房、二〇〇三年
・中原淳、中村和彦『組織開発の探究』ダイヤモンド社、二〇一八年
・エティエンヌ・ウェンガー他『コミュニティ・オブ・プラクティス』翔泳社、二〇〇二年

●プログラム・デザインのスキル（第3章）

・堀公俊、加藤彰『ワークショップ・デザイン』日本経済新聞出版社、二〇〇八年
・堀公俊、加留部貴行『教育研修ファシリテーター』日本経済新聞出版社、二〇一〇年
・ダン・ロスステイン他『たった一つを変えるだけ』新評論、二〇一五年
・國分康孝、國分久子総編集『構成的グループエンカウンター事典』図書文化社、二〇〇四年
・デイブ・グレイ他『ゲームストーミング』オライリー・ジャパン、二〇一一年
・エリザベス・バークレイ他『協同学習の技法』ナカニシヤ出版、二〇〇九年
・前野隆司編著『システム×デザイン思考で世界を変える』日経BP社、二〇一四年

●ファシリテーションのスキル（第4章）

・堀公俊『ファシリテーション入門〈第2版〉』（日経文庫）、日本経済新聞出版社、二〇一八年

・堀公俊『ファシリテーション・ベーシックス』日本経済新聞出版社、二〇一六年
・ちょんせいこ『学校が元気になるファシリテーター入門講座』解放出版社、二〇〇九年
・森時彦『ザ・ファシリテーターⅠ』ダイヤモンド社、二〇〇四年
・中野民夫、森雅浩、鈴木まり子、冨岡武、大枝奈美『ファシリテーション　実践から学ぶスキルとこころ』岩波書店、二〇〇九年
・野村恭彦『イノベーション・ファシリテーター』プレジデント社、二〇一五年
・ジャルヴァース・R・ブッシュ他『対話型組織開発』英治出版、二〇一八年

●ワークショップの実践（第5章）

・堀公俊『問題解決フレームワーク大全』日本経済新聞出版社、二〇一五年
・日産自動車株式会社V-up推進・改善支援チーム『日産V-upの挑戦』中央経済社、二〇一三年
・アニータ・ブラウン他『ワールド・カフェ』ヒューマンバリュー、二〇〇七年
・中西紹一編著『ワークショップ』宣伝会議、二〇〇六年
・山崎亮『コミュニティデザイン』学芸出版社、二〇一一年
・小田理一郎『「学習する組織」入門』英治出版、二〇一七年

ブレイク……168
プレゼン合戦……99
ブレーンストーミング……94, 183
プログラムシート……117
プログラム・デザイン……42
プロセス……138
プロセス・デザイン……43
プロセスマップ……97
プロトタイピング……96
文脈……157
ペアインタビュー……91, 189
ペイオフマトリクス……97
ペースセッター……129
ペース&リード……130
返報性……133
ホールシステムアプローチ（集合的対話）……38
ホールド……44
保持……134
ポジティブアプローチ……87
ホスティングセルフ……144
ホットスポット……141
ボディーランゲージ……136
本体……79

ま行

マインド……50
マインドマップ……96, 181
マグネットテーブル……90, 112
マシュマロタワー……178
まち歩き……92
見える化……45, 144
未来新聞……189
虫の目……143
免疫マップ……198
メンタルモデル……158, 198
メンバリング……58
目標探索型……87, 188
モデリング……128
問題解決型……87, 179

や行

ユーザー観察……92
友人への手紙……100
有用性……126
要約……137
予定調和……118

ら行

ラインナップ……90, 112
落書きボード……100
リーダーズ・インテグレーション……198
リフレクション・イン・アクション……155
リフレクションチーム……92
リフレーミング……160
レイアウト……71
連関図……180
ロールプレイ……91
ロールプレイ&ディベートゲーム……95, 192
ロジックツリー……97
論点……81

わ行

ワークショップ……23
ワークショップ通信……100
ワークショップ・デザイナー……48
ワールドカフェ……95, 198
ワールドワーク……38

た行

ダイアログ …… 94, 189
体験学習型 …… 87, 191
体験学習ゲーム …… 93
タイトル …… 56
タイムライン …… 93, 195
対話 …… 26
対話型組織開発 …… 35
ターゲット …… 52
他己紹介 …… 91
他者受容 …… 67
多数決 …… 166
ダブルメッセージ …… 142
ダブルループ学習 …… 19
多様性 …… 61
チーム・デザイン …… 39
チェックアウト …… 99
チェックイン …… 67, 89
チェンジ・オブ・ペース …… 168
チャレンジ・バイ・チョイス …… 47
つくりこみ …… 119
つめ込みすぎ …… 117
ディベート …… 95
テーブルファシリテーター …… 134
適応的な課題 …… 19
転 …… 85
問い …… 81, 101
到達レベル …… 82
ドット投票 …… 99, 196
ドラムサークル …… 98
鳥の目 …… 143

な行

ナラティブアプローチ …… 161
人間系 …… 36
人間彫刻 …… 98
人間マップ …… 90
狙い …… 52

は行

ハーバード式 …… 92
ハーベスト …… 45, 165
ハイポイントインタビュー …… 91
バズ …… 90, 187
パターン …… 141
場づくり …… 81
発散収束型 …… 87, 185
非言語メッセージ …… 130
非構成的ワークショップ …… 78
非合理な信念 …… 159
必要性 …… 126
ビデオ …… 98
非日常的 …… 68
ファシリテーション …… 43
ファシリテーション・グラフィック …… 45, 144
ファシリテーター …… 43
フィッシュボウル …… 92, 177
フィードバック …… 45, 152
フィールド調査 …… 92, 183
フォトランゲージ …… 93
フォロー …… 169
複合系 …… 38
復唱 …… 137
付箋でコメント …… 100
プッシュとプル …… 151
フューチャーサーチ …… 96
フューチャーセッション …… 194
フューチャーセンター …… 38
プラスとデルタ …… 100
振り返り …… 46, 170
振り返りシート …… 100, 172
フリップスピーチ …… 90

グランドルール……128
グループサイズ……110
グループダイナミックス……31
グループ分け……89
クロージング……80
傾聴……44, 134
ケーススタディ……92
結……85
健全性……35
効果性……34
構成的ワークショップ……78
ゴール……53
告知資料……120
固定観念……158
小道具……74
言葉で……97
コミュニティデザイン……36
コモングラウンド……189
コンセプト……40
コンセンサス……166
コンセンサスゲーム……93, 192
コンテクストマップ……93
コンテンツ……138

さ行

シェア……98
自己一致……133
自己開示……67, 132
自己紹介……89
自己組織化……29
試作品で……98
自信……158
質問……45, 156
質問会議……96, 193
社会系……35
社会構成主義……37
社会的シグナル……141
集合図……97
集合的対話（ホールシステムアプローチ）……38
集団圧力……111
熟議民主主義……36
取捨選択……166
主体的で対話的……37
準備物……120
ショー＆テル……90
承……85
状況的リフレーミング……160
助言、評価、指示……161
ジョハリの窓……96, 198
自律分散協調型……33
心理的安全性……134
心理的事実……155
親和図法……97
図解（チャート）で……97
筋道……156
ストーリー……98
ストラクチャードラウンド……96
生活習慣病……17
成果の狙い……83
成功の循環モデル……22
省察……170
生成的質問……106
セッション……80
全体性……47
前提……157
相互作用……24
相似形……143
創造的な合意形成……165
創発……29
組織開発……35
組織系……34
組織変革型……87, 197
そもそも論……167

索　引

太字はアクティビティ

数字・アルファベット

4つの窓……178
AI……96
Iメッセージ……152
KPT……100
KP法……127
NUFテスト……184
PDCA……119
PMI……100

あ行

アイコンタクト……136
アイスブレイク……44, 89
相槌……137
アウトカム……53
アクティビティ……81
悪魔の批評者……100
アンチプロブレム……183
意図開き……169
意味的リフレーミング……160
意味不明……118
インシデント・プロセス……92
インストラクション……44, 124
インスピレーショントーク……92, 195
インタビュー……92
インプロゲーム……184
うなずき……136
エクストリームプロブレム……183
エッジ……29
エニアグラム……63
円環的質問……160
演劇……98
えんたくん……74, 114
応答……44, 135
オープニング……79
オープンスペース・テクノロジー……95, 200
落としどころ……164

か行

カードで……97
外在化……161
会場アンケート……90
介入……45, 150
回遊型……99
会話……26
カウンターカルチャー……33
学習する組織……35
過去未来型……87, 194
紙芝居……98
関係性のデザイン……67
関係性の狙い……83
観察……44, 138
起……84
企画発想型……87, 182
技術的な問題……18
起承転結型……84, 176
客観的事実……154
ギャラリーウォーク……99, 196
共通点探し……90
協力ゲーム……178
記録……169
議論……26
クイズ……89
グラフィッカー……146
グラフィックレコーディング……146

著者略歴

堀 公俊（ほり・きみとし）

1960 年　神戸市生まれ
1984 年　大阪大学大学院工学研究科修了、
同年、大手精密機器メーカー入社
2003 年　日本ファシリテーション協会設立、初代会長に就任
関西大学、法政大学、近畿大学で非常勤講師を務める（組織行動学）
現　在　堀公俊事務所代表、組織コンサルタント、日本ファシリテーション協会フェロー
著　書　『ファシリテーション入門〈第 2 版〉』『ビジュアル ビジネス・フレームワーク』（以上、日経文庫）、『ファシリテーション・グラフィック』『ワークショップ・デザイン』『チーム・ビルディング』『教育研修ファシリテーター』（以上、共著、日本経済新聞出版社）、『問題解決ファシリテーター』（東洋経済新報社）、『フレームワークの失敗学』（PHP 研究所）など。
連絡先　fzw02642@nifty.ne.jp

日本ファシリテーション協会（Facilitators Association of Japan）
ファシリテーションの普及・啓発を目的とした特定非営利活動（NPO）法人。プロフェッショナルからビギナーまで、ビジネス・まちづくり・NPO・教育・環境・医療・福祉など、多彩な分野で活躍するファシリテーターが集まり、ファシリテーションの普及・啓発に向けて、①調査・研究、②教育・普及、③支援・助言、④交流・親睦の四つの事業をおこなっている。
〈Web〉https://www.faj.or.jp/　〈E-Mail〉webmaster@faj.or.jp

日経文庫 1411

これからはじめるワークショップ

2019 年 8 月 9 日　1 版 1 刷

著者　堀 公俊
発行者　金子 豊
発行所　日本経済新聞出版社
https://www.nikkeibook.com/
〒100-8066　東京都千代田区大手町 1-3-7
電話：03-3270-0251（代）

装幀　next door design
組版　マーリンクレイン
印刷・製本　三松堂

ISBN978-4-532-11411-4
Printed in Japan